阿部徳幸 著

税法がわかる 30話 ［第2版］

中央経済社

はしがき

　税法はみなさんにとって身近な法律です。

　みなさんの日々の生活において，租税はあらゆる場面に登場します。毎日の買い物では消費税が，就職して毎月の給料に対しては所得税が，起業すれば法人税が……。最近ではふるさと納税なども盛んに行われています。このように現代社会において税法は最も身近で重要な法律のひとつであることは，誰もがわかっていることです。ですから税法を勉強してみようという方も多いのです。しかし，すぐにイヤになってしまうのも実情です。その理由はどこにあるのでしょうか。それは税法がとても難解な法律だからです。税法には多くの例外があり，またその例外に対する例外があるなど，まるで迷路のような条文構成となっています。これには専門家でも頭を抱えているところです。さらに税法参考書もこの迷路を解説しようとすることから，それはとても厚いものとなり，内容も初学者にとっては理解困難とならざるを得ないのです。これがみなさんの身近にあるはずの税法を，遠い存在へと追い込んでしまっている原因といえそうです。

　ではどうして税法は迷路のような法律となっているのでしょうか。税法は毎年改正されます。国は毎年様々な政策を打ち出します。景気対策をはじめ，社会保障問題，環境対策，最近では災害対策も見逃せません。租税は国家を運営するための資金，すなわち財政収入を調達するほか，これらの政策を実行するための方策として使われるのです。景気対策などは古くから期待されてきた租税による政策実行手段です。また最近では，国内問題だけでなく外国との関係も，そして通信技術の飛躍的発展により国境というものを意識しない取引なども活発に行われるようになってきました。さらにはフリーランスなどといった働き方も変わってきているのが現状です。これら一つひとつに対応するため，税制は複雑なものに，税法はまるで迷路のようなものにならざるを得ないのです。

　しかし，すべてのものに基礎と応用があるように，当然，税法の世界にも基礎と応用があります。ピアノをはじめて見た子どもたちに曲を奏でてみろと求

めても，それはムリというものです。ましてや「譜面通りに演奏してごらん」などといわれては，もうどうして良いのかわかりません。まずはピアノに触れてみて，音を出してみることから始まるはずです。

　本書は，これから税法を勉強してみようとするみなさんが，まずは税法に触れるための「読み物」としてつくられたものです。読み物としてそれぞれのテーマの概要を理解してもらうことが本書の目的です。そのため思い切って幹（みき）だけを残し，枝葉はバッサリと切り落とすことにしました。例えば，現在，「東日本大震災に関する復興特別所得税」といった税金があります。この税金を枝葉というのが適切なのかということにもなりますが，本書ではあえてその内容には触れていません。タイトルを「税法がわかる30話」としたことも，それぞれを「第何話」としたのも，税法をマスターするというよりまずは，読み物として税法の全体像に触れてもらいたいためです。本書で各テーマの概要を理解し，ピアノで曲を奏でる部分，すなわちその詳細は定評ある税法参考書で理解する，本書はいわばこれら税法参考書を読むための入門書なのです。まずはピアノに触れてみるのと同様に，税法に触れてみてください。

　そこで本書では，読み物とするため，脚注はつけていません。代わりに定評ある税法参考書のいくつかをみなさんに紹介することにします。さらには，財務省・国税庁が公表する図や表を多く採り入れました。財務省・国税庁のWebサイトの情報は，税法の参考書の一つとしても有用だからです。

　現在，司法試験における論述式試験の選択科目に租税法があります。司法試験を目指す方，研究大学院へ進学を希望する方は，金子宏著『租税法』（弘文堂）などが読めるようになることを目標としてください。なお，もう少し税法全体の概要をという方は，三木義一編著『よくわかる税法入門』（有斐閣）をお薦めします。対話形式で構成され，さらにイメージがつかめると思います。さらにもうちょっとレベルアップをという方には，石村耕治編『税金のすべてがわかる現代税法入門塾』（清文社）などがよいでしょう。図表をたくさん使っています。また，やさしい言葉を使いながらその内容は詳細にまで及んでおり，辞書的に利用することも可能です。本書もこれらを参考とさせていただきました。このほかにも定評ある参考書はたくさんあります。本書で税法の全体像を身につけたうえで，ご自身にあったものを選んでみてください。

　2020年に本書を刊行してから2年が経ちました。この2年間に，いくつもの大幅な税法の改正がなされました。また，本書を活用していただいている方々から，いくつもの問いかけがありました。今回，中央経済社のご厚意により第2版を刊行する運びとなりました。この間の改正点はもちろんのこと，問いかけに対応するよう，簡単な具体例を加えてみることにしました。また重要な判例などもさらに盛り込むこととしました。

　第2版の作成にあたっても露本敦編集長に大変お世話になりました。随所に渡り適切なアドバイスをいただきました。心より御礼申し上げます。

　最後になりますが，本書がこれから税法を勉強しようとしている大学生・社会人の皆さまの一助となれば望外の幸せです。

　2022年7月

　　　　　　　　　　　　　　　　　　　　　　　　阿部　徳幸

目　　次

Ⅲ 租税手続法

Ⅳ 租税救済法

Ⅴ 租税処罰法

凡　　例

【租税・財政・会計関係法令】

・国通法	国税通則法
・手続通達	国税通則法第 7 章の 2（国税の調査）関係通達
・国徴法	国税徴収法
・国徴基通	国税徴収法基本通達
・国犯法	旧国税犯則取締法
・税理法	税理士法
・所税法	所得税法
・所税令	所得税法施行令
・所税基通	所得税基本通達
・法税法	法人税法
・法税令	法人税法施行令
・法税基通	法人税基本通達
・相税法	相続税法
・相税評通	財産評価基本通達
・消税法	消費税法
・消税令	消費税法施行令
・措置法	租税特別措置法
・租特透明化法	租税特別措置の運用状況の透明化に関する法律
・地税法	地方税法
・滞調法	滞納処分と強制執行等との手続の調整に関する法律
・災免法	災害被害者に対する租税の減免，徴収猶予等に関する法律
・平成28改正法附則	所得税法等の一部を改正する法律（平成28年法律第15号）附則
・復興特別所得税	東日本大震災からの復興のための施策を実施するために必要な財源の確保に関する特別措置法

【一般法令】

・憲法	日本国憲法
・明治憲法	大日本帝国憲法
・行手法	行政手続法
・行審法	行政不服審査法
・行訴法	行政事件訴訟法
・自治法	地方自治法
・国賠法	国家賠償法

4

- ・民法　　　　　民法
- ・商法　　　　　商法
- ・会社法　　　　会社法
- ・民執法　　　　民事執行法
- ・刑法　　　　　刑法
- ・破産法　　　　破産法
- ・NPO法　　　　特定非営利活動促進法
- ・組織犯罪処罰法　組織的な犯罪の処罰及び犯罪収益の規制等に関する法律
- ・宅建業法　　　宅地建物取引業法

●判決などの略号

- ・大判　大審院判決
- ・行判　行政裁判所判決
- ・最判（決）　最高裁判所判決（決定）
- ・高判　高等裁判所判決
- ・地判　地方裁判所判決
- ・裁決　国税不服審判所裁決

●判例集などの略号

- ・民集　最高裁判所民事判例集
- ・刑集　最高裁判所刑事判例集
- ・行集　行政事件裁判例集
- ・行録　行政裁判所判決録
- ・訟月　訟務月報
- ・税資　税務訴訟資料
- ・判時　判例時報
- ・判タ　判例タイムズ

（例1）最高裁判所平成10年2月24日判決・税務訴訟資料230号684頁のケース
　　　　最判平成10.2.24税資230号684頁
（例2）神戸地方裁判所昭和55年4月18日判決・行政事件裁判例集31巻4号905頁のケース
　　　　神戸地判昭和55.4.18行集31巻4号905頁

I

基本原則・総論

第1話

租税とは何か

(1) 国民の納税義務と租税

　国民には憲法により納税義務が課されています。ただし憲法は，その内容を法律で定めるよう指示します（憲法30）。しかしわが国の税法には，租税そのものの意義を明確にする規定は存在しません。ですから憲法が納税義務をいうものの，租税とはいったい何をいうのかはっきりしないのです。このため学説は，この租税の意義を明確にするための作業を試みてきました。その一環としてしばしば登場するものに，ドイツ租税基本法（AO = Abgabenordnung）の規定があります。そこでは，「租税とは，特別の給付に対する反対給付となるものではなく，かつ，公法上の団体が収入を得るために，法律が当該給付義務に結びつけている要件事実に該当する一切の者に対して課す金銭給付をいう。収入を得ることは，これを従たる目的とすることができる。関税および輸入課徴金は，この法律にいう租税とする」と定めました。しかし，わが国の租税を検討するうえで，ドイツの例をもってきてもあまり意味がないはずです。わが国の租税を論じるにあたっては，わが国における租税の意義が求められるはずです。例えば，「大島サラリーマン訴訟」（最判昭和60.3.27民集39巻2号247頁）において最高裁は，「租税は，国家が，その課税権に基づき，特別の給付に対する反対給付としてでなく，その経費に充てるための資金を調達する目的をもって，一定の要件に該当するすべての者に課する金銭給付である」といいます。しかしこれでは，例えば関税などのように一定の政策目的により存在する租税は果たして租税といえるのか，といった議論の出発点ともなってしまいます。また，租税特別措置法に代表されるように，一定の要件のもと租税を減免する

法律は，「資金を調達する目的」とはいえず，税法といえるのかという疑問も生じます。さらに，この最高裁による租税の意義は，あくまでも財政権力側からのものであり，国民主権原理（憲法1）のもと，本来，納税者側からの租税の意義を構築しなければならないはずです。

　また最高裁は，「租税は，今日では，国家の財政需要を充足するという本来の機能に加え，所得の再分配，資源の適正配分，景気の調整等の諸機能をも有」するといい，租税の機能についても一定の方向性を示しています。

(2)　課税の根拠

　最高裁は，国家に課税権が付与されていることを前提に租税の意義を捉えます。では課税の根拠とはどのようなことなのでしょうか。いいかえれば，なぜわれわれは，租税を納めなければならないのでしょうか。これには租税利益（対価）説と租税義務説とがいわれます。**租税利益（対価）説**とは，租税を，国民が国家から受ける財産や身体の保護という利益の対価であるとするものであり，一方，**租税義務説**とは，国家はその目的を達成するために，すなわち統治権の一環として課税権を有し，国民は当然に義務を負うとするものです。

(3)　租税に共通する性格と特徴

　このようにわが国の憲法は租税なる概念を使用しますが，その意味がはっきりしないのも実情です。「租税の機能」・「課税の根拠」とともに，租税に共通する性格と特徴をみることにより，租税とはいったい何をいうのか，もう少し掘り下げてみます。

①　公益性

　租税は，国または地方団体が，その提供する公共サービスに必要な資金を調達することを目的とします。いわば公益目的を達成するための資金調達手段なのです。ですから国により課される給付義務でも，制裁としての性格を有する罰金・交通反則金などとは区別されます。

②　非対価性

　租税には特定の反対給付はありません。租税を支払うことで公共サービスの提供を受けていることは確かですが，具体的な行政サービスと直接的な対価関係にはないのです。この点で例えば住民票・印鑑証明書の交付などの手数料とは異なります。

③　権力性

　租税には，国または地方団体が一方的に課すという性格があります。ですから租税とは，国民の財産権への侵害としての性質をもたざるを得ません。近代以降の国家において，租税の賦課徴収に法律の根拠を求めるのはこの性質に由来します（租税法律主義・租税条例主義）。

(4)　租税の体系と分類

　ところでわが国には，どのような租税が存在しているのでしょうか。そしてその規模はいったいどの位のものになっているのでしょうか。

　租税そのものの意義を知るために，確認してみることとします。

①　国税・地方税の種類とその規模

【国税・地方税の種類】

	国税	地方税		国税	地方税
所得課税	所得税 法人税 地方法人税 地方法人特別税 復興特別所得税	住民税 事業税	消費課税	消費税 酒税 たばこ税 たばこ特別税 揮発油税 地方揮発油税 石油ガス税 航空機燃料税 石油石炭税 電源開発促進税 自動車重量税 国際観光旅客税 関税 とん税 特別とん税	地方消費税 地方たばこ税 ゴルフ場利用税 自動車取得税 軽油引取税 自動車税 軽自動車税 鉱区税 狩猟税 鉱産税 入湯税
資産課税等	相続税・贈与税 登録免許税 印紙税	不動産取得税 固定資産税 特別土地保有税 事業所税 都市計画税 水利地益税 共同施設税 宅地開発税 国民健康保険税			

＊財務省webサイトhttps://www.mof.go.jp/tax_policy/summary/condition/001.pdfを一部加筆

【税収の規模】

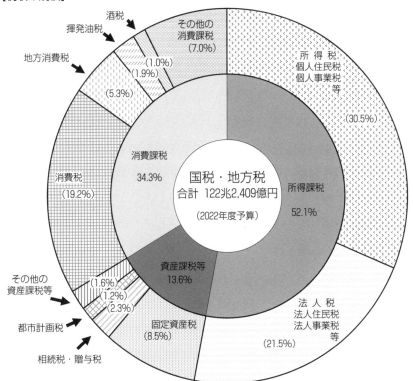

＊財務省webサイトhttps://www.mof.go.jp/tax_policy/summary/condition/001.pdfを一部加筆

②　実定法典による租税の体系

　わが国には多数の租税が存在します。これと同様に，所得税法・法人税法な
どをはじめとした多数の税法があります。つまり，税法とは，民法・刑法と
いった個別の法律を指すのではなく，租税に関する法律の総称をいうのです。
なおこの法体系は，**国税**の場合と**地方税**では大きく異なります。国税の場合，
国税に関する**一般法**と，所得税・法人税といった**個別税法**で構成されます。一
方，地方税の場合，地方税法という統一法典に，地方税に関する一般法をはじ
め，住民税・事業税など個別税法が規定されます。なお国税の場合，一般法と
して国税通則法と国税徴収法があります。国税通則法では，所得税額をはじめ
各税額はどのような手続きのもと成立し，確定するのか。課税処分に不満があ

る場合の手続き，さらには脱税等の嫌疑がある場合の手続きもここに規定されます。つまり事後手続を中心とした**租税手続法**ということです。なお事前手続を定めた行政手続法は，原則として税法分野には適用されません（行手法3①・4，国通法74の14，地税法18の4）。また国税徴収法は滞納がある場合の手続きが定められます。

③ 理論上の体系

税法を法理論のもと体系づけるとすれば以下のようになります。

(i) **基本原則・総論**…憲法が規定する租税法律主義（憲法84・30）を中心に，税法全体に関する基本原則が検討・解説されます。

(ii) **租税実体法**…所得税法など各個別税法により，どのような要件（課税要件）を満たすと納税義務が成立するのかなどが検討・解説されます。

(iii) **租税手続法**…成立した納税義務が具体的に納付されるまでの手続きなどが検討・解説されます。

(iv) **租税救済法**…課税処分に不満のある納税者を救済するための手続きなどが検討・解説されます。

(v) **租税処罰法**…脱税等の嫌疑がある場合の手続き，すなわち租税犯とその処罰についてが検討・解説されます。

本書も，この体系に基づき構成されています。一般的な税法参考書も同じです。本書でその概要を理解し，そのうえで一般的な税法参考書にあたってみてください。

④ 租税の分類

税法を学習するうえで重要と思われる租税の分類を確認してみます。

(i) **国税と地方税**…課税権の主体，すなわち「どこに納めるか」による分類です。国に納めるものを国税といい，地方団体に納めるものを地方税といいます。さらに地方税は道府県税と市町村税とに分かれます。

(ii) **直接税と間接税**…伝統的な区分に従えば，税法上の納税義務者と実際に租税を負担する担税者とが一致することが予定されているものを直接税といい，納税義務者と担税者が一致しないことが予定されているものを間接

税といいます。これらの区分は租税の転嫁の有無によって説明されます。

(ⅲ) **内国税と関税**…国税のさらなる分類です。内国税は，国内のヒト・モノなどに課税するものです。一方，関税は，外国から輸入される貨物に対して課税するものであり，通常，国内産業を保護するという政策目的があります。

(ⅳ) **収得税・財産税・消費税・流通税**…国民の経済生活の流れに沿った分類で，おおまかに，収入を得ているという事実に着目して課税するものが収得税，財産の所有という事実に着目する財産税，消費という事実に着目する消費税（支出税），財産の移転・流通に着目して課税するものを流通税といいます。

(ⅴ) **普通税と目的税**…使途を特定せず一般経費に充てるための租税を普通税といい，特定の目的に充てるためのものを目的税といいます。

(ⅵ) **法定税と法定外税**…地方税における分類です。地方税法に定めがあるものが法定税，定めのないものが法定外税となります。

このほか，**期間税と随時税，従量税と従価税，経常税と臨時税，**などといった分類もあります。

第2話

租税法律主義

(1) 租税法律主義とは

　租税法律主義とは，究極的には，議会のみが**課税権**を有するという法理です。もともと主権者である国民が課税権を有するのですが，国民の代表機関である議会が，国民に代わって法律を制定・改廃するというかたちで課税権を行使するということです。たとえばアメリカ合衆国憲法には，租税法律主義を明記した具体的規定はありません。そこでは連邦議会の権限として，租税の賦課・徴収を明記するにすぎません（アメリカ合衆国憲法1条8節①）。

　これとは逆にわが国の憲法は，この租税法律主義につき具体的な規定を用意します。すなわち84条は，「あらたに租税を課し，又は現行の租税を変更するには，法律又は法律の定める条件によることを必要とする」と規定するのです。

　そのほか30条においても，「国民は，法律の定めるところにより，納税の義務を負ふ」と規定しています。なおこの30条は，日本国憲法の制定過程において政府原案には存在せず，議会の修正で追加されました。しかし現代憲法のもと，「納税の義務」に関する明文規定を置かずとも，国民が納税義務を負うことは明らかです。なぜなら，財政収入のほとんどを租税に依存する**租税国家**体制のもとでは，国家の構成員である国民が，その財政経費を租税として負担することは当然だからです。つまりこの規定は，国民の納税義務を憲法的に確認したものであり，同時に「法律の定めるところにより」とあることから，法律を超える納税義務は負わないという，国民の納税義務の限界・課税権行使の限界を確認した規定といえます。30条はこの観点から租税法律主義を規定するのです。ですから84条は「法律による課税」を，30条は「法律による納税」を，

それぞれ規定しているのです。さらに2つもの条文をおくことから、わが国の憲法は、それだけ租税を重視していると積極的にとらえることもできます。またこの租税法律主義は、憲法上の原理であることが強調されなければなりません。

(2) 租税法律主義の歴史的背景

なぜわが国の憲法はこれほど租税を重視しているでしょうか。それはこの租税法律主義が、「人類の多年にわたる自由獲得の努力の成果」（憲法97）であるからといえます。例えば、1215年のマグナ・カルタ12条、1689年の権利章典などにおいて、すでにこの思想は現れました。さらには1776年のヴァージニア権利章典6条では、「代表なければ課税なし」の原則を掲げ、古くから租税についての基本原理として議論の対象となり、近代憲法においてもこの思想は採用されているのです。このような経緯からして租税法律主義とは、人民が、課税権者による恣意的課税の排除を求めてきた努力の成果ということができます。ですからこの租税法律主義とは、罪刑法定主義（憲法31）と共に、法における近世自由主義思想を表現したものなのです。そして議会のみが課税権を有するということから、財政民主主義の一環としてとらえることもできます。わが国の場合もすでに明治憲法62条で、「新ニ租税ヲ課シ及税率ヲ変更スルハ法律ヲ以テ之ヲ定ムヘシ」と規定しました。これについて伊藤博文は、その著書『憲法義解』において、「新に租税を課するに当て議會の協賛を必要とし之を政府の専行に任せざるは、立憲政の一大美果として直接に臣民の幸福を保護する者なり」と評釈しました。

ただし、明治憲法と日本国憲法ではその前提となる思想が根本的に異なるため、それぞれに租税法律主義が規定されていることをもって、これらを同じ内容としてとらえることは全くの誤りです。

(3) 租税法律主義の意義と機能

租税法律主義は、課税権者による恣意的課税の排除を求める人民の努力の成

果として発展してきました。したがってその究極的な目的は，課税権者による**恣意的課税の排除**となります。そしてこれを現代経済社会のもと，その機能を表現すれば，**法的安定性・法的予測可能性**の確保ということになるのです。つまり**租税法律主義**とは，納税者の代表で構成される議会の同意，すなわち法律なくしては課税できないという憲法上の原理なのです。

(4)　租税法律主義から導き出される原則

　この租税法律主義からいくつかの内容が導き出されます。これにはまず**課税要件法定主義**があげられます。これは課税要件をはじめとした課税に関する事柄は，「法律」で規定しなければならないということです。また**課税要件明確主義**も重要です。課税要件は，法律においてできるだけ詳細に，明確に規定されなければならないということです。いくら法律で規定されていても課税要件が不明確であれば，そこには恣意性の介入する余地が残ることになるからです。これらは立法上の要請です。また，執行面からの要請としての**税務行政の合法律性**があります。課税庁に対して，税法の規定するところに従って，厳格に租税の賦課・徴収しなければならないことを要請するものです。さらにこの租税法律主義からいくつかの法理が抽出されます。

> **課税要件**とは…納税義務が成立するための要件です。納税者は，各個別税法に定める課税要件を充足すると，何ら手続きを必要とせず，納税義務は成立します。
> ①　**納税義務者**…誰の（居住者）
> ②　**課税物件**…何を（所得）
> ③　**課税物件の帰属**…納税義務者と課税物件の結びつき（居住者が所得を有するとき）
> ④　**課税標準**…どれだけ（所得金額）
> ⑤　**税率**…どんな割合で（超過累進税率）

(5)　租税法律主義から生じる具体的法理

①　不確定概念の排除

税法では，不確定概念・自由裁量規定・概括条項の禁止が求められます。課

税要件が不明確な概念で規定されている場合，納税者からすれば，法的安定性・法的予測可能性が侵されることになるからです。しかし現実には，「著しく低い価額」（所税法59①二）・「不相当に高額」（法税法34②・36）といった税法が多数存在します。ここでは，この「不相当に高額」の解釈について争われた「丸中縫工株式会社事件」をみてみます。旧法人税法34条1項も現行法人税法34条2項同様に，役員報酬につき不相当に高額な部分の金額の損金不算入を規定しました。同法は，この「不相当に高額な金額」の内容を法人税法施行令69（現70）条に委任します。そして，この政令規定が不確定概念を使用するため，ここからは「不相当に高額な金額」を具体的に導き出すことはできないとして提起されたのです。第一審名古屋地裁は，「令69条1号に定められた当該役員の職務の内容，当該法人の収益及び使用人に対する給与の支給の状況という判断基準は納税者自身において把握している事柄であり，同業種・類似規模の法人の役員報酬の支給状況についても入手可能な資料からある程度予測できるものであるから，相当であると認められる金額を超える部分であるか否かは，申告時において納税者においても判断可能である」と判示しました（名古屋地判平成6.6.15税資201号485頁）。原告は，「資料は入手不可能だ」として控訴しました。しかし控訴審では，「それに関する資料が入手困難な場合であっても，前記のような法34条1項の趣旨及び令69条1号所定のその他の基準により，当該取締役報酬が相当であると認められる金額を超えているかどうかは，納税者においても申告時に判断可能である」といい（名古屋高判平成7.3.30税資208号1081頁），上告審も原審を支持しました（最判平成9.3.25税資222号1226頁）。

【法人税法第34条2項（役員給与の損金不算入）】
内国法人がその役員に対して支給する給与（…略…）の額のうち不相当に高額な部分の金額として政令で定める金額は，その内国法人の各事業年度の所得の金額の計算上，損金の額に算入しない。
【法人税法施行令70条1項1号イ】
内国法人が各事業年度においてその役員に対して支給した給与（…略…）の額（…略…）が，当該役員の職務の内容，その内国法人の収益及びその使用人に対する給与の支給の状況，その内国法人と同種の事業を営む法人でその事業規模が類似するものの役員に対する給与の支給の状況等に照らし，当該役員の職務に対する対価として相当であると認められる金額を超える場合におけるその超える部分の金額（…略…）

　また秋田市の国民健康保険税条例が不確定概念のため違憲だとされた事件があります（仙台高判昭和57.7.23行集33巻7号1616頁）。この条例は，課税総額を，「当該年度の初日における療養の給付及び療養費の支給に要する費用の総額の見込額から療養の給付についての一部負担金の総額の見込額を控除した額の65/100以内」と定めました。これまで裁判所が不確定概念として，租税法律主義違反を認めたのはこの事例だけです。このように裁判所は，不確定概念による租税法律主義違反について消極的な姿勢をとっています。

②　命令への白紙委任の禁止

　法律が政令・省令といった命令へ白紙委任した場合，租税法律主義そのものの意味がなくなってしまいます。ですから命令へ委任する場合，できるだけ個別的・具体的であることが求められます（憲法73⑥参照）。

③　通達の法源性否定

　そもそも通達とは，上級行政庁から下級行政庁への命令・示達です（国家行政組織法14②）。よって通達は，行政庁内部ではその拘束力を有するものの，裁判所・国民を拘束するものではありません。ですから通達を根拠に課税することは許されません。あくまでも「法律による課税」です（最判令和2.3.24判タ1478号21頁）。しかし例えば，「国税通則法第7章の2（国税の調査）関係通達」5-5（注）書きは，「…事前通知した課税期間の調査のために，その課税期間より前又は後の課税期間における経理処理を確認する必要があるときは，法第74条の9第4項によることなく必要な範囲で当該確認する必要がある課税期間の帳簿書類その他の物件の質問検査等を行うことは可能であることに留意する」といいます。通達が法律を否定しているようにみえます。

④　類推・拡張解釈の禁止

　課税要件が明確に規定されていたとしても，それが類推・拡張解釈されてしまっては意味がありません。税法解釈には厳格解釈（**文理解釈**）が求められます。

⑤　行政慣習法・先例法による課税の禁止

　租税法律主義はあくまで議会の同意を前提とします。そしてこの議会の同意は成文法として表現されます。ですから行政慣習法・先例法による課税は許されません（商法1②参照）。

⑥　課税不遡及の原則

　租税法律主義の目的は，法的安定性・法的予測可能性の確保にあります。このことから納税者に有利な遡及は許されるとしても，不利な遡及課税は認められません（最判平成23.9.22民集65巻6号2756頁，最判平成23.9.30判時2132号34頁参照）。

⑦　疑わしきは納税者の利益に

　所得があるのかないのかはっきりしないなど，事実関係が明確でない場合，納税者の利益を重視すべきであり，課税できません。

(6)　地方税法と租税条例主義

　わが国の憲法は，明治憲法と異なりその第8章で**地方自治**を規定します。憲法が地方自治を保障することから，地方自治の本質的内容は法律をもってしても変えることはできません。憲法92条は，「地方公共団体の組織及び運営に関する事項は，地方自治の本旨に基いて，法律でこれを定める」といいます。ここでいう**地方自治の本旨**とは，住民自治と団体自治から構成されます。つまり憲法は，住民に身近で地域的な事務は，国から独立した地方自治体を設置し（**団体自治**），住民の意思に即して実施する（**住民自治**）ことを保障したのです。また憲法94条は，「地方公共団体は，その財産を管理し，事務を処理し，及び行政を執行する権能を有し，法律の範囲内で条例を制定することができる」と定める。これらの規定から自治体の課税権（**地方財政権**）が導かれます。つまり自治体の課税権は，国の税法がまったく存在しなくとも，地方議会の議決を経た**条例**の制定という形で行使できるのです。一方，住民はこの租税条例によってのみ法的に納税義務を負うのです。これを**租税条例主義**といいます。

　ただしこの場合，国の法律である**地方税法**は，どのような法的性格をもつのかという疑問が生じます。地方税法3条は，「地方団体は，その地方税の税目，課税客体，課税標準，税率その他賦課徴収について定をするには，当該地方団体の条例によらなければならない」といいます。同時に多くの自治体の税条例1条は，「課税の根拠」として，「法令その他に別に定があるものの外，この条例の定めるところによる」と定めます。つまり，地方税法の規定が各税条例を通じて住民に作用することになるのです。ですから地方税法とは，各自治体が税条例を制定するための**標準法**ということになります。さらに憲法94条は「法律の範囲内で」といっています。ここでいう法律は，住民の租税負担の均衡・自治体間の課税の調整等は，法律によって全国的見地から統一・調整の必要があることから，その統一・調整された標準に各自治体の課税権が従うという意味での，法律の範囲内なのです。これによれば地方税法の法的性格は**枠規定**ということにもなるのです（**第24話**参照）。

第3話

税法の解釈適用と
実質課税の原則

(1) 実質課税の原則とは

実質課税の原則とは，租税の賦課徴収は公平に行われなければならない。また，租税の徴収は確実に行われなければいけない。そのため税法の解釈にあたっては，これらの観点から緩やかな解釈が許される。つまり租税の領域においては，形式的な事柄にこだわらないで，実質・実態に即して法の解釈・適用を行うべきとする考え方をいいます。租税の領域においては，租税法律主義のほか，この課税における実質主義の原則（かつてのドイツ流表現では「経済的観測方法」）が重要な地位を占めるといわれることがあるのです。そして今日，この実質課税の原則が重視される場面として，**租税回避行為の一般的否認権の論拠，実質所得者課税の原則規定の解釈，借用概念と固定概念の区分**などがあげられます。

(2) 租税回避行為

租税回避行為の定義は，論者によりさまざまですが，ここでは一応以下のように定義します。

---
① 　納税者が異常な行為形式を選択し，
② 　それによって通常の行為形式を選択した場合と同一経済目的を達成し，
③ 　しかも，租税負担の軽減を図る行為

このほか租税を軽減する行為としては，「節税行為」と「脱税行為」がありますが，これらも一応以下のとおり定義しておきます。

> ・**節税行為**…租税負担を軽減する行為であっても，異常な行為ではなく，税法が予定している通常の行為を通じて租税負担を軽減する行為
> ・**脱税行為**…「隠ぺい行為」や「仮装行為」といった「偽りその他不正の行為」を用いて，違法に租税負担の軽減を図る行為

　一般的に納税者は，脱税行為はともかく，私的自治の範囲においてその納税額を軽減したいと考えます。選択可能な複数の行為が存在する場合，租税負担が軽減する行為を選択することは，ある意味，納税者の権利ということもできるはずです（例えば，東京高判平成11.6.21判時1685号33頁）。しかし納税者の中には，この選択可能な行為のうち，租税負担の軽減のみに目を奪われ，行為を選択するケースがまま見受けられます。このような場合，課税庁とすれば，この行為を仮装行為として否認することはできなくとも，租税負担公平の見地から，この行為を通常の行為に引き直して課税したいと考えることになります。この場合，この行為を否認する個別・具体的な税法があれば何ら問題はないのですが，税法がない場合，租税法律主義の要請から否認することはできません。そのためこの行為を否認するための根拠として実質課税の原則がもちだされるのです。

　また税法規定がある場合でも，この租税回避を否認するため不確定概念が多用されがちです。租税法律主義は不確定概念の排除を要請します。しかし，通説・判例は，「税負担の公平を図るためには，不確定概念を用いることは，ある程度不可避であり，また必要でもある」といいます。つまり多少不明確でも，裁判官が合理的・客観的な解釈により内容を確定できるのであれば違憲といえないというのです（**第2話**参照）。しかし，申告納税制度のもと納税者の立場からすれば税法は，**裁判規範**としてよりも**行為規範**としての機能が重要です。裁判の段階でその内容が明確になったとしても，申告段階で内容が確定できなければ意味がありません。さらに「租税負担の公平」はあくまで租税立法の段階において実現されるものであって，税法を租税負担の公平を前提に解釈・適用してはならないのです。公平な税法を立法し，その税法の規定するところに従って厳格に解釈・適用することにより，租税負担の公平は実現するのです。これも憲法上の原理である租税法律主義からの要請です。

(3)　租税回避と租税法律主義

　課税庁が，租税回避行為を否認し課税する場合，その行為を否認する個別・具体的な税法が存在すれば何ら問題はありません。しかし，個別・具体的な否認規定が存在しない場合，そこでは常に租税法律主義との関係が問題となります。この関係については，「武富士事件」（最判平成23.2.18判時2111号3頁）における須藤正彦裁判官の補足意見が明解です。須藤裁判官は，「…個別否認規定がないにもかかわらず，この租税回避スキームを否認することには，やはり大きな困難を覚えざるを得ない。けだし，憲法30条は，国民は法律の定めるところによってのみ納税の義務を負うと規定し，同法84条は，課税の要件は法律に定められなければならないことを規定する。納税は国民に義務を課するものであるところからして，この租税法律主義の下で課税要件は明確なものでなければならず，これを規定する条文は厳格な解釈が要求されるのである。明確な根拠が認められないのに，安易に拡張解釈，類推解釈，権利濫用法理の適用などの特別の法解釈や特別の事実認定を行って，租税回避の否認をして課税することは許されないというべきである。そして，厳格な法条の解釈が求められる以上，解釈論にはおのずから限界があり，法解釈によっては不当な結論が不可避であるならば，立法によって解決を図るのが筋であって（現に，その後，平成12年の租税特別措置法の改正によって立法で決着が付けられた。），裁判所としては，立法の領域にまで踏み込むことはできない。後年の新たな立法を遡及して適用して不利な義務を課すことも許されない。結局，租税法律主義という憲法上の要請の下，法廷意見の結論は，一般的な法感情の観点からは少なからざる違和感も生じないではないけれども，やむを得ないところである」といいます。

　須藤裁判官の指摘するように，租税回避行為を否認するためには，租税法律主義の立場から，個別・具体的な否認規定とその厳格な解釈が要請されます。しかし，不確定概念は多用され，**同族会社の行為又は計算の否認等**（所税法157，法税法132ほか）をはじめとした**一般的否認規定**が設けられているのが現状です。これには租税回避を認めてはならないといった背景があるからなのです（最判昭和53.4.21訟月24巻8号1694頁参照，原審同旨札幌高判昭和51.1.13訴月22巻

3号756頁）。またこのような一般的否認規定は増加の傾向にあります（例えば，法税法132の2，所税法157④等，なお法税法132の2について，最判平成28.2.29民集70巻2号242頁参照）。しかし租税とは**財産権**（憲法29）を侵害する性格のものであり，税法とは**侵害規範**です。この性格から税法では，法的安定性が強く要請され，その解釈には厳格な**文理解釈**が求められます。なお文理解釈によりその税法規定の意味内容を明らかにすることができない場合，その規定の目的趣旨に照らしてその意味内容を明らかにしなければならないといわれる場合があります。この解釈手法を一般的に**目的論的解釈**とよびます。

【法人税法132条（同族会社等の行為又は計算の否認）1項】要約
税務署長は，内国法人である同族会社などの法人に係る法人税につき更正又は決定をする場合において，その法人の行為又は計算で，これを容認した場合には法人税の負担を不当に減少させる結果となると認められるものがあるときは，その行為又は計算にかかわらず，税務署長の認めるところにより，その法人に係る法人税の課税標準若しくは欠損金額又は法人税の額を計算することができる。

---

(4)　実質所得者課税の原則

　実質課税の原則は，1953（昭和28）年改正において税法に登場しました。今日，この規定はそのタイトルを**実質所得者課税の原則**と改めて，所得税法12条，法人税法11条にそれぞれ当時と同じ内容で規定されています。では，これらの規定はどのように解釈すべきなのでしょうか。

【所得税法12条　実質所得者課税の原則】
資産又は事業から生ずる収益の法律上帰属するとみられる者が単なる名義人であつて，その収益を享受せず，その者以外の者がその収益を享受する場合には，その収益は，これを享受する者に帰属するものとして，この法律の規定を適用する。

　これは，その所得のもととなる収益は誰のものかという**所得の帰属**を判断するための規定といわれます。しかし，この条文は，その内容を理解するうえでとても困難な条文となっています。また現在，消費税法13条，地方税法24条の2の2，72条の2，さらに同294条の2の2にも同様の規定があります。では，

これらの条文は何を意味するのでしょうか。この条文の内容について，次の2つの考え方の対立があります。

①　法的帰属説

単なる名義人と法律上の真の所有者がいる場合，法律上の真の所有者に課税することを定めたものとする説です。

②　経済的帰属説

条文が「その者以外の者がその収益を享受する場合」と規定していることから，その収益の経済的・実質的な支配者に課税することを定めたものとする説です。これは，法律上の帰属と経済上の帰属とに区別し，経済上の帰属に着目するものです。しかし，法律上の権利者を離れた経済的・実質的な支配者とは，どのような者をいうのでしょうか。この説によれば実質所得者課税の原則とは，税法独特の考え方であって，実質課税の原則の具体的内容の1つということになります。

ただし，税法に個別・具体的な規定があれば別ですが，経済的・実質的な支配者とは誰のことかがわからず，法的予測可能性と法的安定性が侵されることにもなり，法的帰属説の方が妥当ということになります。するとこの規定は，単なる確認規定に過ぎないことになるのです。

(5)　借用概念と固定概念

借用概念と固有概念は税法解釈上の問題です。これは税法が私的経済取引を対象とすることに理由があります。

借用概念とは，私法をはじめとする他の法分野において明確な意味内容が与えられている用語ないし概念のことです。例えば，相続・配偶者などがこれにあたります。税法においても私法上の用語・概念を使って規定することが多くあります。税法解釈上，この借用概念の問題は，これを私法をはじめとした他の法分野における意義と同じ意義として解釈すべきか，それとも租税の徴収確保・公平負担の観点から，借用概念の解釈においては私法上の意義にこだわる

べきではなく，税法固有の意義を見出すべきかというところにあるのです。そしてこの税法固有の意義を見出すべきとする根拠として使われるのが実質課税の原則なのです。しかし今日，法秩序の一体性・法的安定性および法的予測可能性から，この借用概念の解釈については，他の法分野において用いられている意義と同じ意義として解釈すべきとされています（最判昭和35.10.7民集14巻12号2420頁他）。

　一方，**固有概念**とは，税法が独自に用いる用語ないし概念のことです。例えば，所得・益金などがこれにあたります。この固有概念の解釈についても見解の相違があります。所得を例にとると，所得とは，私法上有効な利得のみが課税の対象となる利得であり，横領のような無効な利得は所得ではないとする立場です。これは固有概念の解釈にあたり法的評価を重視する立場です。これに対して，所得とはそもそも経済上の利得を意味するものだから，ある利得が所得にあたるかどうかは，その原因となる行為や事実の法的評価を離れ，実現した経済的成果に基づいて判断すべきであるとする立場があります。この立場からすれば，不法な利得や無効な利得であっても，それが利得者の支配・管理下にある限り，所得として課税対象とするべきということになります。通説・判例は，もともと所得を個人や法人の総合的担税力の指標として捉えていること，不法な利得や無効な利得も担税力を増加させることにはかわりない等の理由から後者の見解をとっています。

(6)　私法と税法の解釈適用における関係

　税法は，私的経済取引を対象としています。ただし，この私的経済取引は，あくまで民法・商法といった私法の分野で解釈・適用されなければなりません。ここで税法を持ちだしてはならないのです。まず，その取引の私法上の法律効果を認定・確定するのです。そのうえでその私法における結果をそのまま税法に適用するのです。具体例でみれば，ある経済取引がなされた場合，まず，この経済取引を私法上の法律効果として売買なのか，それとも贈与なのかを追及し確認するのです。これはあくまでも私法上の問題です。その結果，例えばこの経済取引が贈与と確認された場合，この贈与には税法上どのような法律が適

用され，税法上どのような効果を生むのかが追及されるのです。このように税法の解釈には，二段階の解釈と適用が求められるのです。

　ですから例えば仮装行為などの場合，これを真実の取引に直して課税することは税法固有の問題ではないのです。一方，私法上における外形上の法形式（贈与）を，税法においてはこれと異なる他の取引（売買）に引き直して，課税要件規定を適用する場合には，個別・具体的な税法規定が必要となります（例えば，相税法3〜9の2）。

第4話

租税負担公平原則・
応能負担原則

(1)　租税負担公平原則とは

　憲法14条1項は，「すべて国民は，法の下に平等であつて，人種，信条，性別，社会的身分又は門地により，政治的，経済的又は社会的関係において，差別されない」と定めます。**法の下の平等**といわれ，**平等原則**ないし**公平原則**とよばれる規定です。この原則が税法においても要請されることはいうまでもありません。そして，「法の適用における平等」はもとより，「法の内容における平等」として導びかれる税法原則に**租税負担公平原則**があります。

　では，この租税の公平負担とはどういうことをいうのでしょうか。課税の根拠をもとに考えてみると，**租税利益（対価）説**とは，租税を国家から受ける保護や利益の対価として捉えるものです。これによれば，租税負担はこの受けた利益の大きさに応じて負担すべきということになります。これを**応益負担原則（応益課税）**といいます。しかしこの場合，誰が，どのような公的利益をどのくらい受けたのか，その測定は困難です。一方，**租税義務説**とは，租税を国家の構成員である国民の義務として捉えるものです。この場合，租税の負担は，受けた利益とはいったん切り離し，各人の負担能力に応じて配分するべきであるということになります。これを**応能負担原則（応能課税）**といいます。なおこの負担能力とは，各人の経済的負担能力のことで，単に**担税力**といいます。そしてこの担税力は，一般的に**所得・消費・資産**（税制改革法4）の大きさとして捉えるべきとされています。このほか租税負担の公平という場合，経済力が同等の人々は等しく負担すべきであるとする**水平的公平**と，大きな経済力を持つ人はより多く負担すべきであるとする**垂直的公平**という考え方もあります。

⑵　応能負担原則

　憲法84・30条の租税法律主義は，単に租税に関する事柄を法律で定めればよいといった形式的な法定主義を要求するものではありません。19世紀における**自由国家**は資本主義を発展させました。しかし，この資本主義の高度化に伴い富の偏在がおこり，貧富の差が著しいものとなってしまいました。このような資本主義の高度化に伴う矛盾から社会的弱者を救済するため，国家が手を差しのべる必要が生じてきました。このような社会的弱者に国家が手を差しのべる仕組みをそなえた国家を**福祉国家**といいます。

　現代国家は福祉国家です。ですから現代における租税法律主義のもとでは，福祉国家に見合った税制が要請されるのです。そこでは憲法13条「個人の尊重」・14条「法の下の平等」・25条「生存権」・29条「生存的財産権」などといった人権規定，ことさら**社会権**（国家による自由，人間が人間らしく生きるための権利）を基礎とした税制の立法化を租税法律主義は求めているのです。例えば，憲法14条が**形式的平等**のみならず**実質的平等**を要請しているのと同様に，税法においても形式的に一律な負担ではなく，担税力に応じた負担が求められるのです。そしてこれら人権規定を税法において具体的に表現するためには，租税立法のあり方は自ずと**応能負担**となるのです。

　なお応益負担には受益者負担という考え方があります。すると社会的弱者の福祉費用は，弱者自身が負担すべきということにもなります。つまり福祉国家自体が応益負担を認めず，応能負担を前提としているのです。

　水平的公平と垂直的公平を考えてみます。水平的公平は，経済力が同等の人々は等しく負担すべきであるとする考え方です。これは一見すると公平であるようにもみえます。しかし，応能負担原則からすれば不公平となります。一定税率の消費税や所得税率のフラット化などがこれにあたります。むしろ納税者自身の事情を考慮（租税の人税化）し，最低生活費非課税・累進税率の採用などにより，所得格差を考慮した垂直的公平に基づく課税が求められるのです。しかし，近年わが国の税制は，負担の公平などを理由に，税制改革法4条にいう所得・消費・資産に対する適正な課税を行うという，いわゆる**タックス・ミックス論**のもと，水平的公平へとシフトしています（なお，この傾向は他の

先進諸国でも同じです）。その結果，社会格差がますます拡大しているのです。

　このように憲法的立場からすると応能負担原則こそが，**租税立法における最も重要な指導法原理**ということになります。そしてこの応能負担原則の徹底こそが，租税負担公平原則の実現につながるのです。ただしこの応能負担原則を，税法の解釈・適用の場面で持ち出してはなりません。これを解釈・適用上の原理とした場合，租税法律主義が崩壊することになるからです。応能負担原則は

【所得税の税率の推移イメージ図】

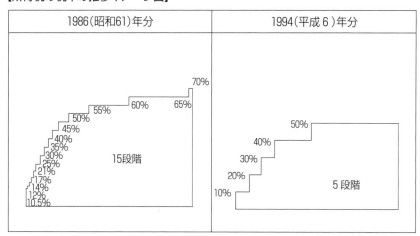

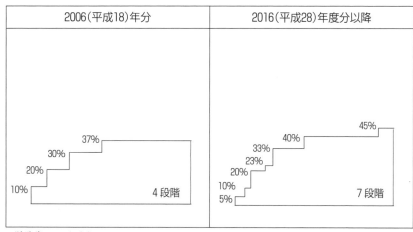

＊財務省Webサイトhttps://www.mof.go.jp/tax_policy/summary/income/033.pdfを一部加筆。復興特別所得税は含んでいません。

立法原則であり執行原則ではありません。

　つまり，応能負担原則により租税負担公平原則に合致した税法を立法し，この税法を租税法律主義の要請である税務行政の合法律性にしたがい平等に執行することにより租税負担公平原則は実現されるのです。

(3)　租税の人税化

　従来，税源配分の原則として，「応能負担は国税に，応益負担は地方税に」ということがいわれてきました。これに関する実定法として地方自治法10条2項の**負担分任**があります。しかし，この規定は，なぜ住民は，地方税を負担するのかといった負担の根拠を確認した規定に過ぎず応益負担の根拠とはなりません。憲法論的にみれば，国税・地方税ともに応能負担原則だけが租税立法における最も重要な指導法原理なのです。さらにこの応能負担原則のもとでは，租税の人税化が求められます。**人税**とは，所得や財産の帰属する「ヒト」を中心として，その人的事情を考慮する租税をいいます。一方，その人的事情をあまり考慮せず，もっぱら財産や収益自体（「モノ」）に着目して課税する場合，これを**物税**というのです。

(4)　租税特別措置

　税法学における**租税特別措置**とは，何らかの政策実現のために憲法が要請する応能負担原則を犠牲にして，特定の納税者の租税負担を加重もしくは軽減する一切の措置をいいます。この租税特別措置は現行税法の全領域において存在します。**租税特別措置法**に留まらず，所得税法・法人税法など広範囲にわたり存在するのです。なお地方税における租税特別措置には2種類のものがあります。その1つは地方税独自のものであり，もう1つは国税に関する租税特別措置が自動的に地方税に波及するものです。

　問題なのは租税負担を軽減する場合です。この租税特別措置が憲法の要請する応能負担原則に反することはいうまでもありません。租税特別措置は，担税力のある者から徴収すべき租税を徴収しないのであることから，**隠れた補助金・隠れた歳出**としての性格をもつことにもなります。議会はこの補助金の支

出に対して実質的なコントロールを加えていません。本来，補助金を交付するのであれば，憲法の予定する財政民主主義（憲法83以下）の観点から目に見える補助金として支出すべきです。これにはアメリカの**租税歳出予算**制度にならい，国会に，各年度の予算に併せ，各租税特別措置による減収見込額とその根拠を提出させるなどの手当てが求められます。立法的には，アメリカのこの制度を参考とした「租税特別措置の適用状況の透明化等に関する法律」により一応の手当てがなされました。また近年わが国では，企業の国際競争力の観点から法人税率の引下げがなされてきました。わが国は諸外国に比べ法人の**実効税率**が高いということです（2022年度現在の実効税率は29.74%です）。しかし，税率だけを比べても意味がありません。わが国の場合，この租税特別措置により課税対象の範囲が狭められています。この課税範囲を含めたところでの議論が必要なはずです。

　さらにこの租税特別措置は，国税に関する租税特別措置が自動的に地方税に波及することから，各自治体に保障された**地方財政権**（憲法92・94）をも剥奪することにもなります。これには国税に関する租税特別措置を法的に地方税と切断することで手当てが可能となります。

【法人税率の推移】

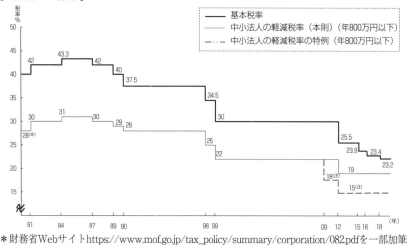

＊財務省Webサイトhttps://www.mof.go.jp/tax_policy/summary/corporation/082.pdfを一部加筆

(5)　応能負担原則と立法裁量論

　この平等論・租税負担公平について，裁判所はどのように考えているので
しょうか。「大島サラリーマン訴訟」において最高裁は，租税立法につき広い
立法裁量を認めました。現在までこの立法裁量のもと，平等原則（応能負担原
則）を理由に違憲とされた事例はありません。その理由として，わが国では議
員立法は少なくそのほとんどが政府提出立法（閣法）です。これら閣法は内閣
法制局の厳しい違憲審査を事前に経ていることから，裁判所による事後の違憲
審査を必要としていないとする論者も少なくありません。しかしこれには租税
法律主義の理念のもと，立法過程における情報が広く国民・納税者，そして立
法者たる議員に公開される必要があるはずです。

> 【大島サラリーマン税金訴訟（最判昭和60.3.27民集39巻2号247頁）】
> …国民の租税負担を定めるについて財政・経済・社会政策判断を必要とするば
> かりでなく，課税要件を定めるについて，極めて専門技術的な判断を必要とす
> ることも明らかである。したがつて，租税法の定立については，国家財政，社
> 会経済，国民所得，国民生活等の実態についての正確な資料を基礎とする立法
> 府の政策的，技術的な判断にゆだねるほかはなく，裁判所は，基本的にはその
> 裁量的判断を尊重せざるを得ないものというべきである。…その立法目的が正
> 当なものであり，かつ，…右目的との関連で著しく不合理であることが明らか
> でない限り，その合理性を否定することができ（ない）。

第5話

課税最低限と課税の限界

(1) 課税最低限

① 最低生活費非課税の原則と課税最低限

　憲法25条１項は,「すべて国民は,健康で文化的な最低限度の生活を営む権利を有する」と規定します。この規定により国民には**生存権**が保障されています。そしてこの規定は,一般的に**社会権**条項として捉えられ,そこでは**プログラム規定説**が有力とされています。この説によると憲法25条は,国の政策的目標ないし政治道徳的義務を定めたものであって,個々の国民に具体的な請求権を保障したものではないことになります。

　またこの規定は,国家からの干渉を排除するという自由権(国家からの自由)としての機能ももちあわせています。こちらの側面からすれば,健康で文化的な最低限度の生活を営むに必要な所得(**最低生活費**)に対しては課税してはならない,ということになります。これを**最低生活費非課税の原則**といいます。所得税法は個人の所得に担税力を見出し課税します。しかし,この所得から賄われることになる最低限度の生活を維持するために必要な部分については,担税力がないため課税してはならない,ということです。そして,この最低生活費非課税の原則を所得税法において具体化したものが**基礎控除**(所税法86)なのです(**第16話**参照)。この基礎控除はすべての人に適用され,どんな人でも所得金額がこの基礎控除の金額を超えないかぎり所得税は課されません。では所得税法は,この基礎控除をどのように定めているのでしょうか。所得税法86条は,「居住者については,その者のその年分の総所得金額,退職所得金額又は山林所得金額から48万円を控除する」(なお,2019年以前は38万円でした。)

としています。所得税法は，健康で文化的な最低限度の生活を営むに必要な所得を48万円というのです。さらにこの基礎控除は，2018（平成30）年度税制改正で，合計所得金額2,400万円を超えるとこの控除額が逓減を開始し，2,500万円を超えると消失（ゼロ）する仕組みとなりました（所税法86①）。所得税における所得の再分配機能の回復という理由によるものです。確かに高額所得者からすれば，この基礎控除はわずかな金額でしかないかもしれません。しかし，これは税法において生きる権利を表現したものです。高額所得者といえども，この税法上の生きる権利を剥奪してしまうことには疑問をおぼえます。

　財務省はわが国の**課税最低限**を285.4万円とします。最低生活費非課税の原則を国際比較する際，財務省は，この課税最低限という概念を使っています。ただしこの金額は，夫婦と子2人（片稼ぎ，子のうち1人が中学生，1人が大学生）の給与所得者を前提としています。つまり財務省のいう課税最低限とは，このような家族構成の給与所得者の場合，給与収入285.4万円までは納税額がゼロであることを示すものなのです。しかし，ここでは給与所得者だけを対象としています。納税者が給与所得者か事業所得者か，既婚か未婚か，扶養親族の数などによってまちまちな課税最低限を国際比較しても意味がありません。なおこの国際比較のもと，わが国のこの課税最低限は諸外国に比べて高いとの理由から引き下げられ，現在の金額となりました。本来，課税最低限という場合，すべての納税者に一律適用され，最低生活費非課税の原則の具体化である基礎控除で比較されなければなりません。

　なお，財務省のいう家族構成のもと課税最低限を計算するならば，やはり，最低生活費非課税の原則の具体化である**人的控除**だけで計算しなければならないはずです。これによれば課税最低限とは，基礎控除（48万円），配偶者控除（38万円），そして特定扶養控除（63万円）の合計額149万円となるはずです（**第16話**参照）。

　財務省はこの課税最低限の国際比較の際，常に扶養親族を有する給与所得者をそのサンプルとします。それは給与所得の計算に**給与所得控除額**（所税法28②・③）が使われるため，課税最低限が相対的に高くなるからなのです。なお諸外国においては，給与所得者にこの給与所得控除を用いておらず，実際にかかった経費を控除する実額経費控除によるか，また概算経費控除を用いていて

もその金額が極めて少額な場合がほとんどなのです（**第13話**参照）。

【給与所得者を対象とした概算経費控除の国際比較】

(2022年1月現在)

	日本	英国	ドイツ	フランス	米国
概算経費控除	給与所得控除（定率・上限あり） 給与収入に応じ,4段階の控除率（40%～10%）を適用 最低保障額 55万円 上限 195万円	なし^(注1)	被用者概算控除（定額）^(注2) 1,000ユーロ（13.0万円）	必要経費概算控除（定率・上限あり）^(注2) 給与収入（社会保険料控除後）の10% 最低 442ユーロ（5.7万円） 上限 12,652ユーロ（162.5万円）	概算控除（定額）^(注2) 12,950ドル（147.6万円） ※医療費控除や寄附金控除等の各種所得控除を含む性格の概算控除であり, 給与所得者に限らず適用。 ※2025年までの時限措置として, 人的控除も統合。

(注1) 給与所得者のみを対象とした概算控除制度は設けられていない。一方で, 職務上の旅費等について, 実額控除が認められている。
(注2) 概算控除制度と実額控除制度との選択制とされている。
(備考) 邦貨換算レートは, 1ドル＝114円, 1ユーロ＝130円として計算している。なお, 端数は四捨五入している。
＊財務省webサイトhttps://www.mof.go.jp/tax_policy/summary/income/056.pdfを一部加筆

② 基礎控除と生活扶助基準

　むしろこの課税最低限の問題は, 基礎控除の金額が最低生活費非課税の原則として妥当な金額かどうかに焦点を当てるべきです。この基礎控除の金額が憲法の保障する生存権としては不十分であるとして争われたものに「総評サラリーマン訴訟」（最判平成元.2.7判時1312号69頁）があります。この事件は, 日本労働組合総評議会（総評）が独自に最低生活費を計算し, これをもとにその違憲性が争われました。裁判所は,「憲法25条の規定の趣旨にこたえて具体的にどのような立法措置を講ずるかの選択決定は, 立法府の広い裁量にゆだねられており, それが著しく合理性を欠き明らかに裁量の逸脱・濫用と見ざるをえないような場合を除き, 裁判所が審査判断するのに適しない事柄である」と, 立法府の広い裁量を認めました。そのうえで原告の主張した最低生活費について,「日本労働組合総評議会（総評）にとつての望ましい生活水準ないしは将来の達成目標にほかならず, これをもつて『健康で文化的な最低限度の生活』を維持するための生計費の基準とすることができない」と原告の主張を斥けました。この事件は, 独自に計算した最低生活費を主張したためこのような結果になっ

たと思われます。

　憲法が保障する生存権を具体化したものに**生活保護法**があります。この法律の目的には，「その最低限度の生活を保障する」（同法1）ことが含まれています。さらに同法3条は，「この法律により保障される最低限度の生活は，健康で文化的な生活水準を維持することができるものでなければならない」といいます。そしてこの法律に基づく生活扶助は，その条件にもよりますが1人あたり年間70〜80万円ともいわれています。一方税法は，基礎控除相当額が健康で文化的な生活水準というのです。ではこの**生活扶助基準**をもとに基礎控除の金額を違憲だと主張するとどうなるのでしょうか。この点が争われた事件では，原告の所得が，「…生活扶助基準額…を大幅に上回つていることが認められ，この事実によれば，…基礎控除額を…そのまま適用したからといつて，原告の健康で文化的な最低限度の生活が侵害されるということのないことは明らかである」と判示しました（東京地判昭和61.11.27判時1214号30頁）。ここでは原告の所得が生活扶助基準を大幅に上回っていたため，原告の生存権が侵されるおそれはないことから，基礎控除の金額の違憲性の判断はなされませんでした。このように，この基礎控除の金額の違憲性について明確な判断がなされた例はありません。そしてその背景には，この憲法25条生存権を社会権条項として捉えられていることがあるようです。この生存権については，プログラム規定説，抽象的権利説，そして具体的権利説の対立があります。しかし，この最低生活費非課税の原則・課税最低限における憲法25条生存権は，社会権としての問題ではなく**生存的自由権**侵害の問題です。いずれの学説もこの憲法25条を，生存権の自由権的側面の侵害に対する裁判規範としての効力を認めています。ですから課税により健康で文化的な最低限度の生活が侵されている場合には，立法裁量の問題とはならず，その課税を違憲として争うことができるはずです。

　この課税最低限（最低生活費非課税の原則）と生活扶助基準との関係については，例えばこの生活扶助基準とは切り離し，現実的に「健康で文化的な生活に必要な客観的な金額」を算定し，これを下回る金額は違憲とすることも考えられます。しかし，生活保護法との整合性から，生活扶助基準額と課税最低限とを連動させ，生活扶助基準額を下回る場合は違憲とすべきではないかと思います。なお1992年9月25日ドイツ憲法裁判所は，生活扶助基準額と課税最低限

の一致の必要性を決定しました。この決定は，わが国の最低生活費非課税の原則を考えるにあたり，大いに参考になると思われます。

(2) 課税の限界

1995年ドイツ憲法裁判所は，憲法上の一般論として課税の限界を5割と決定しました。わが国憲法29条は**財産権**を保障しています。また30条では国民の納税義務を規定します。ではわが国の場合，この財産権との関係から課税は，どの程度まで認められることになるのでしょうか。

かつての相続税法は，相続開始前3年以内に取得等した土地等または建物等については，取得した時の価格で相続税の課税価格とすることを求めていました（旧措置法69の4）。この規定に関しては，「土地評価『3年しばり』事件」（大阪地判平成7.10.17判時1569号39頁）があります。この事件は，バブル経済の崩壊により23億円で取得した不動産の価格が9億円まで下落し，その後相続が発生しました。時価9億円の不動産が23億円として相続税の対象となり，その相続税額13億円という逆転現象が生じてしまったのです。この事件では，3年以内に取得等した土地等または建物等について，取得価格をもって課税することについての違憲性等が争われました。しかし裁判所は，地価下落期にはこの税法を適用しないとする法解釈により，この税法を憲法違反とはしませんでした。ただし，この税法を適用することにより「相続により取得した不動産の価値以上のものを相続税として負担しなければならないという極めて不合理な事態にまで，無制限に適用することについては憲法違反（財産権の侵害）の疑いが極めて強いといわなければならない」ともいっています。つまり課税と財産権保障（憲法29）との関係が無制限ではないことを，この裁判では示したのです。

これまでわが国では，課税と財産権保障との関係については，ほとんど議論されてこなかったのが実情です。例えば憲法学からのものとしてアンティークなものですが，「（憲法29条）第1項によれば財産権は不可侵なものとされるが，その財産権の内容は，第2項によれば，公共の福祉に適合するよう定められることになっている。…公共の福祉といっているのは，何を意味するのかという

に，事物自然の性質からくる制約ではなく，政策的考慮に基く制約を意味する
ものと解すべきである。故に権利の濫用が禁止されたり，国民が納税の義務を
負担したり，又犯罪者が罰金や没収の刑を科せられたりするのは，むしろ事物
自然の制約であって，財産権の不可侵によって保障される範囲外の問題であ
る」（法学協会編『註解日本国憲法上巻』566頁・有斐閣・1953年）というものがあ
ります。ここでは，租税は憲法29条がいう財産権の保障の範囲外というのです。
これについて，そもそも財産権は，課税と同様に国家による創造物であり，国
家により運営されるものであることから，課税以前の財産というものは考えら
れないため，課税は財産権を何ら制約するものではないとする説明などがあり
ます。しかし現実に課税権とは，それぞれ個人の財産に公権力が強制的に介入
するものであり，財産権の保障とは相反するものです。しかし租税法律主義を
いう憲法84・30条は，その内容について法律で定めることを要求するにとどま
り，課税の限界については何ら示していません。法律の制定いかんによりどこ
までも課税が可能ということにもなりそうです。ただし憲法は租税立法につい
て応能負担原則を要求しています（憲法14他）。応能負担原則の観点からすれば，
財産権を侵害するような課税は，担税力を超えた課税をいうことになり，違憲
ということになります。

　したがって租税負担は，財産権保障により無制限に許されるものではない。
財産権の本質を損なうような租税負担は違憲となるはずです。納税後に自由に
使える財産があるからこそ財産権の保障なのであり，自らの財産権が保障され
ているからこそ，経済活動が可能となり納税が可能となるはずです。しかしわ
が国の場合，具体的な課税の限界は明らかにされていません。憲法30条は国民
の納税義務を規定します。ここでの納税義務とは，国民に，財産権の保障を無
意味なものにするような，おかしな税制を監視することも要請したうえでの納
税を、義務として課しているとはいえないでしょうか。

第6-1話

租税法律関係

(1) 租税権力関係説と租税債務関係説

　民法をはじめとした**私法**の分野では，当事者それぞれが対等な立場でその法律関係が構築されています。では，**公法**とされる税法の分野における納税者と課税庁との関係はどのように位置づけられるのでしょうか。納税者と課税庁との法律関係を**租税法律関係**といいます。そしてこの納税者と課税庁の法律関係については，これまで代表的な2つの考え方が示されてきました。1つが租税権力関係説であり，もう1つが租税債務関係説です。これらはドイツにおいての議論ですが，日本でも代表的な租税法律関係論として議論されてきました。**租税権力関係説**は，オットー・マイヤーにより提唱され，ドイツの伝統的行政法理論に基づき，租税法律関係を，国民が国家の課税権に服従する関係としてとらえ，租税法律関係を典型的な権力関係の一例とみる考え方です。一方の**租税債務関係説**は，租税法律関係を，国家が納税者に対して租税債務の履行を請求する関係としてとらえ，国家と納税者とを税法上の債権・債務関係として性格づける考え方です。この考え方は1919年ドイツ租税基本法の制定を契機に，アルベルト・ヘンゼルを中心に唱えられたものです。両説の傾向的特質を比べてみると次のようになります。

【両説の傾向的特質の比較】

項目	租税権力関係説	租税債務関係説
基本的関係	権力関係	私法上の債権債務と類似の関係
国家と国民の関係	国家が国民に対し優越	国家と国民が対等
行政行為・租税手続法	重要性を強調	重要性を否定
租税実体法	重視しない	重視する
権利救済手続	重視しない	重視する
租税債務の成立	課税庁の行政行為により成立	課税要件の充足により成立
税法学の立場	行政法学の一分野	行政法学から独立，独立した法分野

　両説の傾向的特質を，租税債務関係説の立場から簡単にみてみます。租税債務関係説とは，租税法律関係を，私法上の債権債務と類似の関係ととらえることから，国家と国民とが対等な立場であることを前提とします。そこでは租税債務の成立は，課税庁による課税処分（行政行為）を必要とせず，所得税法など各個別税法に規定する課税要件の充足により成立します。それゆえ，課税庁の処分により税額が確定する租税権力関係説に比べ行政行為・租税手続法は重要ではないということになります。また，租税債務関係説では，国民が国家に服従する関係でないことから，その分，納税者の権利救済手続きも重視されるのです。

(2) 憲法30条の納税義務

　憲法30条は，「国民は，法律の定めるところにより，納税の義務を負ふ」と規定します。この規定は，国民に対して一方的な納税義務を課しているようにも見受けられます。しかし，民主主義国家においての租税負担を，単純に義務として捉えることには問題がないでしょうか。租税の根拠を，議会のみが課税権を有するという，課税権を納税者の同意・承諾にあるとすれば，税制とは納税者のコントロールのもとにあるはずであり，民主主義国家のもと納税者は基本的に租税の創造者であり，同時に税制に対する基本的な権利者となるはずです。

　この憲法30条を解説するものとしてアンティークなものですが以下のような
ものがあります。そこでは，「（明治憲法21条のいう臣民の納税義務は，）…被
治者たる日本臣民の義務を，主権者たる天皇が宣示したものであった。これに
対して，みずから主権者である国民が制定した新憲法において宣言された国民
の義務は，自律的に国家を構成し，国家生活を営もうとする国民の，積極的な
決意の表現にほかならない。われわれは，類似の文言の裏にひそむ精神の根本
的相違，なかんずく本条の納税義務のもつ積極的内容を見逃してはならない」
（法学協会編『注解日本国憲法上巻』577頁・有斐閣・1953年）といいます。これに
よれば憲法30条とは，「国民の決意声明」ということになり，一方的に義務を
課したものではないということになります。また同書は，「…昭和22年の税制
改正以来，多くの国税において，賦課課税主義より申告納税制度への転換が行
われたことは，この一つの現れとみることができるであろう」ともいいます。

(3)　申告納税制度の法的意義

　この申告納税制度とはどのような制度なのでしょうか。国税通則法は，国税
についての納付すべき税額の確定の方式として**申告納税方式**を次のように規定
します。すなわち，「納付すべき税額が納税者のする申告により確定すること
を原則とし，その申告がない場合又はその申告に係る税額の計算が国税に関す
る法律の規定に従つていなかつた場合その他当該税額が税務署長又は税関長の
調査したところと異なる場合に限り，税務署長又は税関長の処分により確定す
る方式をいう」（同法16①一）です。つまり，この申告納税方式のもとでは，納
税者の自主申告が第一義的，税務署長等の処分は第二義的なものということに
なります。

　また，税制調査会の「国税通則法の制定に関する答申」（昭和36年7月）では，
申告納税制度導入の理由を，「（申告納税制度が，）…最も民主的な課税方式で
あるという点にこれを求めることについては異論はないであろう。すなわち，
元来，種種事情の異なる納税義務者について適正公平な課税が行われるために
は，その内容を最もよく熟知する納税義務者による課税標準等の申告が第一義
的に要請されることは当然というべきであるが，さらに，納税義務の履行を国

民自ら進んで遂行すべき義務と観念することによつて，その申告をできるだけ正しいものとし，同時に，その申告行為自体に納税義務確定の効果を付与せしめるということが，民主主義国家における課税方式としてふさわしいものということができるからである」といいます。それゆえこの申告納税制度は，「国民主権原理（憲法1）の税法的表現」と評価されるのです。

　ではこの申告納税方式のもと，納税義務はどのような手続きにより成立するのでしょうか。やはり国税通則法は納税義務の成立を，所得税法・法人税法といった各個別税法に規定する課税要件の充足によって，何らの手続きを必要とせずに成立する（国通法15②）といいます。課税権者による行為を必要としていないのです（**第26話**参照）。

　わが国の国税は，原則としてこの申告納税方式を採用します。この申告納税方式を前提に，租税権力関係説と租税債務関係説を考えてみますと，どうもわが国の場合，租税債務関係説の方が妥当であるということができそうです。だとするのならば税制は，一般行政法理論と決別し，やはり租税債務関係説の立場から構築されなければならないはずです。

第6-2話

租税法と信義誠実の原則

(1) 信義誠実の原則との関係

　租税とは私的経済取引を対象として課されるものです。そしてこの私的経済取引は，民法・商法といった私法により規律されます。また一般的に税法は**公法**に，民法・商法は**私法**として区分されます。では，税法においてこの私法上の法理は適用されるのでしょうか。ここでは信義誠実の原則との関係について考えてみることとします。

　信義誠実の原則とは，もとはドイツ債権法の一般原則です。その内容は，法律関係の当事者は相手方の正当な期待・信頼を裏切ってはならないとするものです。また，類似のものとして英米法に由来する**禁反言の原則**があります。これは，人が自ら一度行った言動を，それが誤りであったとして翻すことができないとするものです。わが国の民法もその1条2項において，「権利の行使及び義務の履行は，信義に従い誠実に行わなければならない」と規定します。

　租税法律関係でこの法理が問題とされるのは，課税庁の行った納税者への処分や行為などに誤りがあった場合です。例えば，本来課税すべきところ，課税庁が納税者に非課税である旨の通知をしたにもかかわらず，後日，法令解釈の誤りに気づき，遡って課税するケースなどが考えられます。しかし，租税法律関係においてこの信義誠実の原則をそのまま認めると，租税法律主義との関係で問題となります。租税法律主義のもと，課税庁は，税法の規定するところに従って厳格に税務行政を執行することが求められます（税務行政の合法律性）。課税庁による誤った表示があった場合，信義誠実の原則をそのまま適用すると，違法な行政処分などを有効としてしまう場合があるからです。もう少し具体的

にみると，先ほどの例では，遡って課税しなければ租税法律主義から問題となり，課税すれば信義誠実の原則から問題となるということです。ただしこの問題は，課税庁の表示または不表示があった場合だけに限ります。納税者がこの法理に反した場合，税法上の特典の剥奪，加算税などのペナルティーが課されるだけだからです。

　租税法律関係において，この信義誠実の原則という法理が認められるのかという問題について，「文化学院事件」（東京地判昭和40.5.26行集16巻6号1033頁）があります。裁判所は，「思うに，自己の過去の言動に反する主張をすることにより，その過去の言動を信頼した相手方の利益を害することの許されないことは，それを禁反言の法理と呼ぶか信義誠実の原則と呼ぶかはともかく，法の根底をなす正義の理念より当然生ずる法原則（…）であつて，国家，公共団体もまた，基本的には，国民個人と同様に法の支配に服すべきものとする建前をとるわが憲法の下においては，いわゆる公法の分野においても，この原則の適用を否定すべき理由はないものといわねばならない」とし，租税法律関係においてもこの法理が適用されると判示しました。

　ではこの法理は，どのような場合に租税法律関係において認められるのでしょうか。この法理は，租税法律主義との関係で問題となることは確認したとおりです。ですからこの法理を租税法律関係において適用する場合には慎重でなければなりません。これについて最高裁は，いわゆる「酒類販売業者青色申告事件」（最判昭和62.10.30訟月34巻4号853頁）において，「租税法規に適合する課税処分について，法の一般原理である信義則の法理の適用により，右課税処分を違法なものとして取り消すことができる場合があるとしても，法律による行政の原理なかんずく租税法律主義の原則が貫かれるべき租税法律関係においては，右法理の適用については慎重でなければならず，租税法規の適用における納税者間の平等，公平という要請を犠牲にしてもなお当該課税処分に係る課税を免れしめて納税者の信頼を保護しなければ正義に反するといえるような特別の事情が存する場合に，初めて右法理の適用の是非を考えるべきものである。そして，右特別の事情が存するかどうかの判断に当たっては，少なくとも，税務官庁が納税者に対し信頼の対象となる公的見解を表示したことにより，納税者がその表示を信頼しその信頼に基づいて行動したところ，のちに右表示に反

する課税処分が行われ，そのために納税者が経済的不利益を受けることになったものであるかどうか，また，納税者が税務官庁の右表示を信頼しその信頼に基づいて行動したことについて納税者の責めに帰すべき事由がないかどうかという点の考慮は不可欠のものであるといわなければならない」と判示しました。つまり，以下の要件が満たされた場合に，最高裁がいう「特別の事情が存する場合」となり，この法理が認められるのです。

【信義誠実の原則の認められるための要件】

① 課税庁が納税者に対して信頼の対象となる「公的見解」を示したこと
② 納税者がその見解を信頼し，その見解に基づき行動したこと
③ 後にその見解に反する課税処分が行われたこと
④ その課税処分により納税者が経済的不利益を受けることになったこと
⑤ 納税者がその行動をしたことについて，納税者の責めに帰すべき事由が無いこと

　これらの要件が満たされた場合，仮に課税庁が，過去の誤りを是正するために行った処分が税法の規定するところに合致していたとしても，その処分は信義誠実の原則違反として違法となるのです。ただし課税庁が，将来に向かってその誤りを是正することは，納税者の信頼を裏切ることにはなりません。ですからこの場合は，信義誠実の原則違反とはならないのです（前掲東京地判昭和40.5.26）。

第7話

租税の使途

(1)　日本国憲法における納税義務

　一般的に租税というと，納税者からすれば納税の場面，課税庁からすれば徴収の場面ばかりが問題となります。しかし，この納付・徴収の場面でいくら人権を考慮した制度を構築したところで，その使途の場面で人権が形骸化されているとすれば，納税・徴収の場面で人権を考慮したことが無意味なものとなってしまいます。つまり租税という場合，使途の問題までその範疇に組み込まなければならないはずです。

　わが国の憲法は30条で国民に納税の義務を課しています。しかし，憲法はもとより税法も，租税そのものの具体的な内容を明らかにしません（**第1話参照**）。ですからこの租税の意義，さらに国民はなぜ租税を納付しなければならないのかという疑問に対しては，憲法全体の法規範構造から解明しなければならないのです。

　わが国の憲法はその1条で**国民主権原理**をいいます。さらに13条は，「すべて国民は，個人として尊重される。生命，自由及び幸福追求に対する国民の権利については，公共の福祉に反しない限り，立法その他の国政の上で，最大の尊重を必要とする」と規定します。**基本的人権の尊重**といわれる条文であり，憲法はこれに最大の価値を与えます。これらから日本国憲法のもとでの納税義務は，国家が国民に対して行う人権保障サービスの対価としてしか理由づけられないことになるのです（**福祉国家**）。なおこのように考えてくると，憲法30条のいう「国民の納税義務」を租税の使途と関連づけて考えることも可能となります。つまり国民は，人権保障サービスの対価として使われることを前提に，

その限度で納税の義務を負うということになるのです。逆説的にみれば，国民には，その限度で納税すればよいという権利があるということにもなります。この権利を**納税者基本権**といいます。この権利は，新しい人権の一つとして提唱されているものです。つまりこの納税者基本権のもとでは，租税の納付・徴収は，その使途と関連付けて検討することが可能となるのです。そしてこの立場に近いものとして，毎年度の予算を議会で決議し，それによってはじめて租税の徴収が可能になるとする考え方があります。これを**年税主義**といいます。

(2)　明治憲法と永久税主義

　明治憲法のもとでの納税義務はどうだったのでしょうか。明治憲法21条は，「日本臣民ハ法律ノ定ムル所ニ従ヒ納税ノ義務ヲ有ス」と規定しました。さらに同63条では，「現行ノ租税ハ更ニ法律ヲ以テ之ヲ改メサル限ハ旧ニ依リ之ヲ徴収ス」と規定しました。この規定は永久税主義といわれるものです。なお**永久税主義**とは，年税主義と対比される概念であり，税法が施行されるとその税法が廃止されるまで課税を永久的に認めるという考え方です。そしてこの永久税主義について伊藤博文は，『憲法義解』で，「国家其の永久の存立を保つ為の経費の大局は毎一年に移動を為すべきに非ず。而して何人モ，及何等の機関も必要経費の源を杜塞して以て国家の成立を戕害するの権利なかるへき」と，さらに「国家の存立に必要なる経常税の徴収は，専ら国権に據る者にして，人民の随意なる献饋に因る者に非ざること，既に疑いを容るべきの余地あることなきなり」と評釈しました。天皇主権のもとでの納税義務，そしてこの永久税主義が，納税とその使途との関係を完全に切り離し，さらにはなぜ租税を納めなければならないのかという素朴な疑問すら封じ込めてしまいました。その結果，納税の義務だけが強調され，予算に関する議会の関与も形式的なものとなってしまいました。日本国憲法には明治憲法63条のような永久税主義を明確に規定する条項はありません。ただし84条から永久税主義を読み取れるともいわれます。しかし明確な規定がないことから永久税主義に固執する必要はないようにも思われます。永久税主義的税制では，納税者の納税者としての意識を希薄にしてしまいます。むしろ国民主権原理の観点からすれば，租税の賦課徴収にあ

たり，毎年の議会による統制を要求する年税主義的な税制のほうがふさわしいようです。

(3)　租税の使途

①　会計検査院

　租税の使途については予算を通じ国会で決めることになります（憲法85）。しかし，予算が国会できちんと審議されているのかという疑問が多くいわれます。例えばODA（政府開発援助）は，おおまかな内容と予算額が提示されるものの，具体的にどこの国に対して，いくら支出するのかが明らかにされていないなどの批判が端的な例といえるでしょう。結局のところ具体的内容のチェックについては，会計検査院の決算報告に委ねるほかないことにもなります。**会計検査院**は，国の収入支出の決算を検査する独立した機関です（憲法90）。会計検査院は，国の収入支出の決算を検査し，毎年決算検査報告を作成し，内閣に送付しています（会計検査院法29）。そこでは毎年，数多くの，そして多額の租税の使い方の問題が指摘されています。ただしこの指摘は，その支出の効力や内閣の責任に影響を与えるものではないとされており，また省庁は会計検査院の要求に応ずる義務はないなどともされています。そのため会計検査院の権限強化がしばしば指摘されてきました。しかしこの改革も一向に進んでいません。つまり現在，会計検査院による財政統制も不十分であるというのが実態なのです。そろそろ本格的な権限強化が望まれるところです。

　では国の財政支出について違法があるとして，納税者は納税者の立場で会計検査院に対して審査を要求することは可能なのでしょうか。会計検査院法35条は審査要求制度を規定します。しかしこの制度は，利害関係者しか要求を認めておらず，一般納税者の立場では要求できません。またこの利害関係者の範囲も狭く運用されています。権限強化とともに開かれた会計検査院の構築も求められます。

②　財政支出と訴訟

　国の財政支出が違法であるとして，納税者は納税者の立場で訴訟を提起する

ことはできるのでしょうか。行政事件訴訟法に民衆訴訟という訴訟類型があります。**民衆訴訟**とは，自分の個人的権利とは関係なく，国または公共団体の違法な行為の是正を公益の代表として争う訴訟です（行訴法5）。ただしこの民衆訴訟は，法律が定める場合に，法律が定める者に限って提起できる訴訟です（行訴法42）。しかし現在，わが国の財政支出についてはこのような制度を認めた法律はありません。また，わが国において裁判所に認められている司法権とは，法律上の争訟について裁判することをいい（裁判所法3），具体的な権利または法律関係につき紛争がある場合にはじめて発動するものです。したがって，国の財政支出を裁判で争う場合には，その支出によって原告の個人的権利が侵害されたことの立証が必要となるのです。

　例えば軍事費支払拒否運動の一環としてなされた，いわゆる「税金支払停止権確認訴訟」（名古屋地判昭和55.11.19税資115号551頁，名古屋高判昭和58.6.28訟月29巻12号2353頁は控訴を棄却）では，自衛隊予算は違憲だとして，公務員に税金を憲法条項に違反して使用させない権利，すなわち憲法上の権利である納税者基本権，良心の自由（憲法19）が侵害されたとして争われたのです。そこでは当時自衛隊予算は5％を占めていたことから，所得税確定申告書に自らの納税額の5％を軍事費控除として申告納税しました。これを受けた税務署長は，この5％相当額の更正処分を行いました。その更正処分の取消しを求めて訴訟を提起し，併せて自衛隊予算の違憲性を主張したのです。判決は，「憲法上国民の納税義務と予算及び国費支出とは，形式実質共にその法的根拠を異にし全く別個なものであり，両者は，直接的，具体的な関連性を有しないのである」などを根拠に，納税者の良心等を侵害したとはいえないとして，納税者の主張を斥けました。このほかにも，1991（平成3）年に湾岸戦争が起きた際，当初，わが国政府は90億ドルの戦費を支出しました。自らが負担した租税が，戦争に使われることは耐え難いとして納税者基本権・良心の自由（憲法19）の侵害を根拠に訴訟が提起されました（「市民平和訴訟」東京地判平成8.5.10訟月44巻7号1035頁）。しかし，ここでも納税とその使途についての具体的つながりは否定されています。

　一方，地方自治体の支出については，**住民監査請求**（自治法242），**住民訴訟**（自治法242の2）といった具体的規定があります。したがって，自治体の支出

の違法性などを司法の場で争うことは可能であり，また現実に行われています。この住民訴訟制度は，アメリカの**納税者訴訟**を参考にしたものです。そして，この司法の場での違法性の検証は，納税とその使途を一体とした考え方の具体化ということにもなります。同様に国の財政支出についても立法化が望まれるところです。なお，この自治体支出の違法性等の検証には，市民オンブズマンの積極的な活動によるところが大きいのです。例えば情報公開法などを活用し，国の財政支出についてもこの輪を広げ，納税者は租税の納税の側面だけでなく，その使途についての監視をしていかなければならないはずです。憲法30条のいう納税義務は，租税の使途への監視も含めたうえでの納税を，国民の義務として課しているとはいえないでしょうか。

租税実体法

① 所得税法

第8話

所得概念

(1)　学説による所得概念

　所得税とは，個人の所得に担税力を見出し課税するものです。では**所得**とはいったい何をいうのでしょうか。租税における憲法上の原理に租税法律主義（憲法84・30）があります。租税法律主義によれば，所得の意義も税法に明確に規定されているはずです。なお，所得税法2条は「定義」規定です。しかし，この2条はもとより税法のどこを探しても，所得の意義を明らかにする条文は見つかりません。ですから個人に帰属する経済的利得のうち，どこまでが所得として，所得税の対象となるのか必ずしも明確でないのが実情なのです。現在この所得概念については，代表的な学説として2つのものがあります。1つが所得源泉説（制限的所得概念）とよばれ，もう1つが純資産増加説（包括的所得概念）とよばれるものです。

①　所得源泉説（制限的所得概念）

　所得源泉説（制限的所得概念）とは，所得を，個人に帰属した経済的利得のうち，反復的・継続的に得られる利得のみとするという考え方です。所得をその発生面から把握しようとするものです。ですから一時的・偶発的な利得は所得を構成しないということになります。なおこの考え方は，イギリスをはじめとしたヨーロッパ諸国で発達してきた考え方であり，現在でもヨーロッパでは

この考え方を採用している国もあります。

②　純資産増加説（包括的所得概念）

純資産増加説（包括的所得概念）とは，個人に帰属したあらゆる経済的利得が所得であるとする考え方です。少し難しくいうならば，一定期間における純資産の増加額に消費額をプラスしたものを，この期間における所得とする考え方です。その利得の発生面ではなく，帰属の面において把握しようとするものです。制限的所得概念の場合，一時的・偶発的な利得は所得とならないことから，例えば土地の譲渡による利得は所得とならないことになります。土地の譲渡などがほとんどない社会では制限的所得概念でも良いのですが，そうでない場合には不公平ということにもなります。ですから負担公平の観点からは包括的所得概念の方が優れているということになります。なおこの考え方はアメリカにおいて発達してきた考え方です。

(2)　現行所得税法における所得概念

わが国の場合，戦前までは所得の範囲を制限的所得概念の立場から捉えてきました。しかし戦後はアメリカ法の影響のもと，その範囲を包括的所得概念の立場から捉えています。これは現行所得税法において，「譲渡所得」（所税法33）・「一時所得」（所税法34）といった，一時的・偶発的な利得も課税対象としていることからもわかります。また「雑所得」といった所得類型もあります。雑所得とは，利子所得から一時所得までの「いずれにも該当しない所得」のことです（所税法35）。これらからわが国では包括的所得概念によると一般的に理解されています。しかし，必ずしもこの考え方に徹しているわけではありません。包括的所得概念の立場からすれば，例えば，所有資産の評価益といった未実現の利得，自己の資産の利用や自己の労働から得られる経済的利得といった帰属所得も課税されることになります。またあらゆる資産損失も控除されなければなりません。しかし原則として，資産の評価益や帰属所得は課税所得に含めていません。そして資産損失の控除も，一定のもの以外は認められていません（所税法51）。また「あらゆる経済的利得が所得である」とする包括的所

得概念は公平の観点からすれば優れているということになりますが，どこまでが所得かを限定する機能がないため，租税法律主義の観点からすれば疑問も残るところです。

(3) 所有資産の評価益

　例えば，保有している土地の価値が値上がりした場合などがこれにあたります。包括的所得概念はあらゆる経済的利得が所得であるとする考え方でした。この考え方によればこの評価益も理論上は所得を構成するはずです。しかし所得とは，外部から利得が流入してきたものでなければなりません。ですから単にその価値が値上がりしたというだけの**未実現の利得**では，外部からの流入がないため課税されないのです。ほかにも個人の保有するすべての財産の価値を，毎年計算することは困難であるという理由もあります。なお評価益が課税対象とされていないのですから，同様にその評価損も所得税計算上控除できません。

　しかし，この評価益は立法政策として課税しないわけですから，必要があれば課税することになります。現行所得税法においても，例えば，「贈与等の場合の譲渡所得等の特例」（所税法59）など，未実現の利得に課税する特別規定をおいています。

(4) 帰属所得（インピューテッド・インカム）

　例えば，自宅をもっている人は借家人と較べ家賃を支払わなくてすむことによる利得（帰属家賃），DIYにより自宅の修繕を行った場合（帰属賃金）などがこれにあたります。つまり，「払わなければならないものを払わずに済んだ」という利得のことです。包括的所得概念とはあらゆる経済的利得を所得とする考え方でしたから，理論上はこれも所得を構成することになります。しかし，これも外部から利得が流入してきたわけではありません。さらにあらゆるものが帰属所得を構成することにもなり，評価が難しい・範囲が不明確であるなどの理由により，これも立法政策として課税していません。ただしこれにも例外があります。例えば，「たな卸資産等の自家消費の場合の総収入金額算

入」（所税法39）や「農産物の収穫の場合の総収入金額算入」（所税法41①）などがこれにあたります。

(5)　違法利得

　違法利得の場合はどうなるのでしょうか。違法利得に課税するならば，それは税法を通じて国家が違法行為を認めているようにも思えます。しかし税法とはその違法性の追及を目的とはしていません。違法であっても利得を得ているのですから，包括的所得概念の立場からすれば所得があることになります。また適法な利得には課税し，違法な利得に課税しないということになると，課税の公平性という観点から問題が残ります。

　ですから課税の公平の観点から，無効な行為による経済的利得も，取消しうる行為に基づく利得も課税対象とし（例えば，最判昭和46.11.9民集25巻8号1120頁），そして後日裁判による違法などが確定し，その経済的利得が失われたり，取消された場合には，改めて税額を計算し直すことが基本的な考え方となっています（所税法152，所税令274①）。例えば所得税実務でも，「その収入の基因となった行為が適法であるかどうかを問わない」（所税基通36-1）としています。なおかつての課税実務では，窃盗・強盗，そして横領の場合は所得税を課さないが，詐欺または脅迫の場合は，一応所有権が移転することから課税すると，所有権を一つの目安としていました（旧所税基通148）。

　では違法な支出は控除されるのでしょうか。これについては比較法上も差異があり，また学説上の一致もありません。例えばアメリカの場合「公序の理論」のもと，その控除を認めると公の秩序に反する結果となる場合には，その控除は認めないとされています。一方ドイツでは，違法利得を課税対象とするのと同様に，違法支出も課税上控除するのです。わが国の場合，判例は，法人税についてのものですが「…事業経費の支出自体が法律上禁止されているような場合には，少なくとも法人税法上の取扱いのうえでは，損金に算入することは許されない」として，違法な支出の損金性を否定します（最判昭和43.11.13民集22巻12号2449頁）。また学説も違法支出は課税上控除できないという説が有力でした。

　所得税は適法・違法にかかわらず，純資産の増加に着目して課税するものです。また所得税は所得金額に課税するものであり，仮に必要経費を控除しない場合，実際の「もうけ」以上の租税を支払わなければならないことにもなります。これでは「租税」という名目のもと，その違法行為に対してペナルティーを科していることにもなってしまいます。ですから仮にその支出が違法であったとしても，必要経費に該当するのものであれば，必要経費として控除されなければならないはずです。裁判例としては，宅建業法の制限を超える金額の報酬の支払いについて，「…法律に違反する報酬契約の私法上の効力いかんは問題であるとしても，現実に右法律所定の報酬額以上のものが支払われた場合には，所得税法上は右現実に支払われた金額を経費（右報酬の支払いを受けた不動産仲介業者については所得）として認定すべきものである」（高松地判昭和48.6.28行集24巻6＝7号511頁）とするものもあります。なお今日，法人税では，架空の経費を計上するために行う支出など隠ぺい・仮装行為に要する費用は，損金の額に算入しないとされています（法税法55①②）。

　現行所得税法は，刑法198条に規定する賄賂と不当競争防止法18条1項に規定する金銭その他を，必要経費に算入しないと規定します（所税法45②）。同法は「限定列挙」で必要経費に算入しない場合を規定します。ですからこの規定にないものは，違法支出でも必要経費に算入されることになります。つまり所得税では，その支出が適法・違法というよりも，必要経費としての要件を備えているかどうかが重要なのです（家事費・家事関連費〔所税法45①一〕）。また，例えばここでいう賄賂は，判決により賄賂と確定されたものでなければなりません。税務調査の段階で課税庁職員が賄賂と認定し課税することはできません。税法は，税務調査を「犯罪捜査のために認められたものと解してはならない」（国通法74の8）としています。

(6)　フリンジ・ベネフィット（追加的給付・現物給与）

　追加的給付・現物給与とは，使用者から従業員に対して，通常の給与や賞与のほかに与えられる給付のことです（**経済的利益**）。包括的所得概念によれば，給与の一部として所得となることは明らかです。ただしその中身をみるとこの

追加的給付には，事業者の都合により給付されるものがあります。例えば，早朝または深夜に勤務することを常例とするホテル・旅館，牛乳販売店の住み込み使用人に対し提供した部屋などがこれにあたります。これらはこの提供を受けた使用人からすれば，経済的利得を受けたといいきれない場合もあります。このような場合，立法政策上，その受けた経済的利得の価値をゼロと認定して取扱っています。また所得税実務では，例えば，「勤務に際して支給される食事で，半額以上を本人が負担し，月額3,500円以下のもの」や「社員に貸与する住宅で，通常の賃貸料の50％以上を徴収している場合の会社負担分」などのような給付には課税しないことにしています（所税基通36-21以下）。

　この取扱いは**少額不追求**といった考え方がその根底にあるようです。しかし本来課税すべきものを，課税庁による取扱いで課税しないとすることは租税法律主義（憲法84・30）の見地から問題があります。法律による手当てが求められるところです。

(7)　損害賠償金

　損害賠償金を受けた場合はどうなるのでしょうか。仮にそれが損害賠償金であったとしても包括的所得概念に従えば，これも所得を構成することになるはずです。しかしこの場合，まず損害が発生しこれに対して賠償金が支払われているはずです。ですから，この両者を合わせて考えてみると，プラスマイナス「ゼロ」ということになります。

　現行所得税法は，一定範囲の損害賠償金と保険金を非課税としています（所税法9①18）。またその具体的内容は，①心身に加えられた損害につき支払いを受ける慰謝料その他の損害賠償金，②不法行為その他突発的な事故により資産に加えられた損害につき支払いを受ける損害賠償金，そして③心身または資産に加えられた損害につき支払いを受ける相当の見舞金，とされています（所税令30）。このようにこの損害賠償金の範囲は広いものとなっています。その理由は国民感情を考慮してと説明されます。

第9話

所得税の納税義務者と課税の範囲

(1) 納税義務者と課税の範囲

　租税を納める義務のある者を**納税義務者**といいます。所得税法は，この納税義務者を原則として**個人**としています（所税法5①②）。そのうえでこの個人を**住所等**を基準に，まず居住者と非居住者に区分します。さらに居住者を非永住者とそれ以外の居住者（永住者）とに区分します。ただし法人などが所得税の納税義務者となる場合もあります（所税法4・5③④）。

- (i) **居住者**（所税法2①三）…国内に住所を有し，または現在まで引き続いて1年以上居所を有する個人
- (ii) **非居住者**（所税法2①五）…居住者以外の個人
- (iii) **永住者**…居住者であって，非永住者に該当しない個人。ほとんどのみなさんが，この永住者に該当するはずです。
- (iv) **非永住者**（所税法2①四）…居住者であって，日本の国籍を有しておらず，かつ，過去10年以内において国内に住所または居所を有していた期間の合計が5年以下である個人

　所得税法は，このように納税義務者を区分したうえで，その区分にしたがい納税義務の範囲を定めています。

- (i) **居住者**…国内外を問わず，すべて（全世界）の所得について所得税の納税義務がある（所税法7①一）
- (ii) **非居住者**…日本国内で生じた所得（**国内源泉所得**）に限って所得税の納税義務がある（所税法7①三・161，所税令279以下）
- (iii) **非永住者**…国外源泉所得以外の所得と国外源泉所得で日本国内で支払わ

れ，または国外から送金されたものについて所得税の納税義務がある（所税法7①二，所税令17）

　このように所得税法は住所等をもとに，まずその納税義務者を居住者と非居住者に区分します。そして非居住者をみてみますと「国内源泉所得に限って」と，その納税義務の範囲が制限されています。このように納税義務の範囲が制限されている者を**制限納税義務者**といいます。一方で納税義務の範囲が制限されていない者を**無制限納税義務者**といいます。

　また法人や人格のない社団等が所得税の納税義務者となる場合とは，これらの法人等が，利子や配当など特定の所得を受ける場合が端的な例です。この場合その支払者は，これらの所得の金額から**源泉所得税**を天引きしたのち，残額をこれらの法人等に支払います。同時にその支払者は，これらの法人等に代わりこの源泉所得税を納税します（所税法212③）。源泉所得税はこのような仕組みで納付されますが，その実態はこれらの法人等の税金です。そこで，この源泉所得税は，法人税の前払いとして，これらの法人等の納付する法人税額を計算するにあたり控除されるのです（法税法68①）。

(2)　住所と居所

　所得税法は納税義務者を住所等を基準に区分します。**国籍**は基本的に関係がないということです。ではこの住所とは何をいうのでしょうか。この場合の**住所**とは「各人の生活の本拠」をいいます（民法22，所税基通2−1，東京高判昭和59.9.25訟月31巻4号901頁）。また**居所**とは，「その人の生活の本拠という程度には至らないが，その人が現実に居住している場所」をいいます。なお法人の納税義務者については，国内に本店または主たる事務所があるかどうかで判定します（所税法2①六・七・八）。

　近年，住所移転が容易にできるようになってきました。その結果，外国に住所を移し贈与税を回避することなどが横行しました（最判平成23.2.18判時2111号3頁）。このような租税回避を防止するため，2003（平成15）年に相続税法が改正され，現在では，日本国籍を有する者は10年を超えて外国に移住しない限り，日本の贈与税が課されることになりました（相税法1の4①二イ）。これは贈与

税の例ですが，所得税法においても，2006（平成18）年から，非永住者の定義に国籍が加わりました。このように近年，納税義務者の区分に住所と国籍が併用され始めているというのが実情です。

　さらに，容易な住所移転が可能となってきたことから，複数の滞在地があるといった場合もでてきました。つまり，その者の滞在地が2か国以上にわたる場合，住所はどこなのかという問題です。このような場合，例えば，住居，職業，資産の所在，親族の居住状況，国籍などの客観的事実によって住所を判断することになります（所税法3②，所税令14・15，所税基通2-1・3-1～3-3）。そしてある国，例えばA国の居住者となるか否かは，A国の法令によって決まります。A国で居住者と判定され，またわが国でも居住者と判定される場合には二重課税となってしまいます。このような場合，わが国と各国とで締結した**租税条約**などによりその解決が図られることになります。

(3)　非課税所得

①　人的非課税と物的非課税

　非課税所得とは，本来，所得税の課税対象ではあるけども，立法政策の観点から，はじめから課税の対象に含めない所得のことです。ただし，この非課税を考えるにあたり人的非課税と物的非課税の区分をみる必要があります。**人的非課税**とは，特定の「ヒト」に対しては課税しないとするものであり，**物的非課税**とは，誰が得たかを考慮せず，非課税規定に該当する所得（モノ）には課税しないとするものです。わが国税法の場合，原則として人的非課税はありません。例外的に，大使・公使等の外交官に対しては国際慣行から課税しないというものがあります（所税基通9-11）。このように所得税法は物的非課税のみを規定します。

　これも贈与税の例ですが，平成から令和に代わる剣璽等継承の儀において，その証として三種の神器が平成の天皇から今上天皇へと継承されました。本来，これは贈与にあたり贈与税の課税対象となるはずです。しかし今上天皇には贈与税の納税義務は生じません。その理由は天皇だからではありません（人的非課税）。皇室典範特例法附則7条に，「この法律による皇位の継承があった場合

において皇室経済法7条1項の規定により皇位とともに皇嗣が受けた物については，贈与税を課さないものとする」という規定があるからなのです（物的非課税）。仮に天皇といえども税法に規定する課税要件を充足すれば，何ら手続きを要せず納税義務が生ずるのです。これがわが国の税法の原則です。

②　非課税所得

　所得税法に規定する非課税所得（所税法9①）は，(イ) 社会政策的配慮（担税力）に基づくもの（遺族恩給など），(ロ) 実費弁償的性格に基づくもの（給与所得者の通勤手当など），(ハ) 公益的な目的に基づくもの（ノーベル賞として交付される金品など），(ニ) 二重課税の排除に基づくもの（相続・贈与により取得するもの）など様々です。また，所得税法に限らず，障害者等の少額公債の利子など租税特別措置法によるものや，宝くじの当せん金（当せん金付証票法13）のように，その他の法律により非課税とされるものなどがあります。

　また所得税法が規定する非課税所得の一つに「家具，じゅう器，衣服等生活に通常必要な動産の譲渡による所得」（所税法9①九）というものがあります。今日，身近な日用品をネットオークションなどで売却するケースが多々見受けられます。原則として，このような所得はこの規定に該当することとなり非課税となります（なお，生活に通常必要な動産のうち，貴金属，宝石，書画，こっとう等で1個または1組の価額が30万円を超えるものの譲渡による所得は課税されます〔所税令25〕）。しかし，このようなネットオークションなどによる売却により，果たして「利益（所得）」は生ずるのでしょうか。改めて考えてみる必要がありそうです。また，その譲渡で損失が発生したとしても，その損失は「ないもの」とみなされます（所税法9②）。

(4)　免税所得

　このほかにも免税所得というものもあります。**免税所得**とは，政策的な見地から所得税を課さない所得のことです。具体的には，(イ) 肉用牛の売却による農業所得（措置法25①③），(ロ) 災害減免法による所得税の免除（災免法1・2）などがあります。この「災害減免法による所得税の免除」とは，納税者が災害

によって住宅・家財に甚大な被害を受けた場合，その年分の所得税の一部または全部を軽減・免除するものです。

　非課税所得との違いをみてみますと，非課税所得は，何ら手続きを必要とせずすべて課税所得から除外されます。一方，免税所得の場合は，非課税所得とは異なり所得税の計算においていったん課税所得となるのです。そのうえでその所得税額が免除されるというものです。ですから一定の手続きが必要です。

第10話

課税単位

(1) 課税単位とは

課税単位とは，所得を計算するにあたって，どこまでの範囲を１つとみるかという単位のことをいいます。所得税は個人の所得に課される租税です。これを素直にみれば個人をその課税単位とすべきということにもなります。わが国の憲法は，「個人の尊厳と両性の平等」（憲法24）をうたっています。これは近代立憲主義が，個人主義を１つの要素としていることによるからです。この個人主義からしても個人を単位とすることがよさそうです。しかし，一般的に人々は，夫婦または家族を構成して日々の生活をおくっています。そこでは，この夫婦または家族において所得を蓄え，消費しています。つまり，この夫婦または家族が，経済生活における一つの消費単位となっているのです。このような場合には，果たして個人を課税単位とすることが妥当なのか，この消費単位を無視して良いのかという問題も生じてきます。

この課税単位は税法理論のもと，①個人を単位とする**個人単位主義**，②夫婦を単位とする**夫婦単位主義**，そして③家族を単位とする**家族単位主義**，に区分されます。

(2) 個人単位主義と専業主婦

わが国の所得税法は，戦前，「家」制度を前提に世帯単位主義が採られていました。戦後，シャウプ勧告により，1951（昭和26）年から，原則として，個人単位主義を採用しています。もっとも一概に，個人単位主義が自由主義的で

あり，世帯単位主義が前近代的であるといった評価をすることは適当ではありません。例えば近年，女性の社会進出ということがいわれます。しかし，一方で専業主婦といわれる方もいるわけです。少々アンティークですが「内助の功」という言葉もあります。片稼ぎ夫婦の場合，一方の配偶者が外で精一杯稼げるのは，他方の配偶者に家事全般を任せているからではないでしょうか。つまり，一方の配偶者の所得とは，他方の配偶者の協力があるからだということにもなります。だとするとその所得とは，夫婦の共有財産ということにならないでしょうか。また，主婦（夫）の家事労働は所得を生み出しません（帰属所得）。主婦（夫）は，どんなに家事労働に勤しんだところで無所得者なのです。無所得者ゆえ，通常必要な生活費以外で他方配偶者の稼ぎを使ってしまうと贈与税課税ということにもなるのです。このような片稼ぎ夫婦の場合にも個人単位主義を採ることは，憲法24条のいう「個人の尊厳と両性の平等」に反することにならないのでしょうか。

　この問題に対して最高裁は，「先ず憲法24条の法意を考えてみるに，…継続的な夫婦関係を全体として観察した上で，婚姻関係における夫と妻とが実質上同等の権利を享有することを期待した趣旨の規定と解するべく，個々具体の法律関係において，常に必らず同一の権利を有すべきものであるというまでの要請を包含するものではないと解するを相当とする。次に，民法762条１項の規定をみると，夫婦の一方が婚姻中の自己の名で得た財産はその特有財産とすると定められ，この規定は夫と妻の双方に平等に適用されるものであるばかりでなく，所論のいうように夫婦は一心同体であり，一の協力体であって，配偶者の一方の財産所得に対しては他方が常に協力寄与するものであるとしても，民法には，別に財産分与請求権，相続権ないし扶養請求権等の権利が規定されており，右夫婦相互の協力，寄与に対しては，これらの権利を行使することにより，結局において夫婦間に実質上の不平等が生じないよう立法上の配慮がなされているということができる。しからば，民法762条１項の規定は，前記のような憲法24条の法意に照らし，憲法の右条項に違反するものということができない」と，個人単位主義を合憲としました（最判昭和36.9.6民集15巻８号2047頁）。

(3)　現行民法における夫婦の財産関係

　個人単位主義が採られる理由として，民法が夫婦別産主義を採ることとの整合性がいわれています。民法は，**法定財産制**としては**夫婦別産制**を採用し，婚姻中自己の名で得た財産は，その**特有財産**（夫婦の一方が単独で有する財産）とし，一方の配偶者の所得はその配偶者固有の所得であるという立場を採っています（民762①）。その一方で民法は，当事者の自由な意思に基づく**約定財産制**（民756）も認め，こちらを法定財産制に優先するとしています（民法755）。ですから夫婦財産契約により，一方の配偶者が婚姻届出の日以降に取得する財産については，その持ち分を2分の1ずつとする共有財産にすることも可能なのです。これが所得税計算に生かされるならば，個人単位主義問題は解決しそうです。しかし，夫婦財産契約にかかわらず，一方の配偶者が得た所得はその配偶者固有の所得とされるのです。この点が争われた事件で最高裁は，その理由として，「夫婦財産契約は，夫又は妻が一旦取得した財産の夫婦間における帰属形態をあらかじめ包括的に取り決めたもの」であり，「ある収入が所得税法上誰の所得に属するかは，…当該収入に係る権利が発生した段階において，その権利が相手方との関係で誰に帰属するかということによって決定されるものというべきである」といいます（最判平成3.12.3税資187号231頁，原審同旨東京高判平成2.12.12税資181号867頁）。これによれば夫婦財産契約では，夫または妻の一方が取得したものを，その後，夫婦間で分割することになります。そうすると取得の段階で所得税が，分割の段階で贈与税がそれぞれ課されることにもなります。これでは法定財産制である夫婦別産制を，税法が強要しているようにもみえてしまい，税法が民法が優先的に認めている約定財産制を，無意味なものにすることにもなります。さらにこの夫婦別産制のもとでの個人単位主義の徹底は，専業主婦（夫）を無所得者の立場へと追いやることにもなるのです。

　ただし，所得税法は個人単位主義を徹底しているとは言い切れません。例えば，所得税法56条は，親族へ支払う対価を必要経費と認めていません。そしてその親族が受けた対価もないことにしています。つまり同法は家族単位主義的課税を要求するのです（**第11話**参照）。所得税法は，家族を租税回避の温床と捉えているようです。

(4)　夫婦単位主義・家族単位主義

　このように個人単位主義は憲法論的には合憲とされました。しかし，各国が採用する課税単位は一様ではありません。日本においては採用されていませんが，夫婦単位主義・家族単位主義を導入している国もあるのです（**図表10-1**）。立法論的には，家族形態が変化しつつある今日，わが国でも検討されるべきところです。その際，しばしば登場するものに夫婦単位主義がありますが，この夫婦単位主義にも問題点はあります。例えば，法律婚カップルと事実婚状態のカップルとの間に差別をつくり出すこと，既婚者に比べ独身者の負担が相対的に重くなることや，これも相対的ではありますが高額所得者に有利に働くことなどがいわれています。逆に個人単位主義では，所得のあるカップルが結婚しても租税負担は変わりません。婚姻中立性に優れているといういい方がなされています。

　近年，ワーキング・プアーの存在がいわれます。このような働いても貧しい人たちに対して，**給付つき税額控除**の導入が検討されています。この制度では，所得の把握に夫婦または世帯単位での所得を考慮する必要が出てきます。

　この課税単位の問題は，既婚か独身か，共稼ぎか片稼ぎか，といった様々な家族形態に対して，どの方法をとることが最も公平かという問題につきるのです。ですからこの課税単位の問題は，立法政策の問題ともいえるのです。

【図表10－1】【課税単位の類型】

(2015年1月現在)

類　型			考　え　方
個 人 単 位			稼得者個人を課税単位とし，稼得者ごとに税率表を適用する。 （実施国：日本，イギリス。アメリカ，ドイツは選択制）
夫婦単位又は世帯単位	合算分割課税	均等分割法 （2分2乗課税）	夫婦を課税単位として，夫婦の所得を合算し均等分割（2分2乗）課税を行う。具体的な課税方式としては，次のとおり ○　独身者と夫婦に対して同一の税率表を適用する単一税率表制度（実施国：ドイツ） ○　異なる税率表を適用する複数税率表制度（実施国：アメリカ（夫婦共同申告について夫婦個別申告の所得のブラケットを2倍にしたブラケットの税率表を適用した実質的な2分2乗制度））
		不均等分割法 （N分N乗課税）	夫婦及び子供（家族）を課税単位とし，世帯員の所得を合算し，不均等分割（N分N乗）課税を行う。 （実施国：フランス（家族除数制度））
	合算非分割課税		夫婦を課税単位として，夫婦の所得を合算し非分割課税を行う。

(注) 1．イギリスは，1990年4月6日以降，合算非分割課税から個人単位の課税に移行した。
　　 2．アメリカ，ドイツでは，夫婦単位と個人単位との選択制となっている。
　　 3．諸外国における民法上の私有財産制度について
　　　(1)　アメリカ：連邦としては統一的な財産制は存在せず，財産制は各州の定めるところに委ねており，多くの州では夫婦別産制を採用しているが，夫婦共有財産制を採用している州もある。
　　　(2)　イギリス：夫婦別産制。1870年及び1882年の既婚女性財産法（Married Women's Property Act 1870, 1882）により夫婦別産制の原則が明らかとなり，1935年の法律改革（既婚女性及び不法行為者）法（Law Reform (Married Women and Tortfeasors) Act 1935）によって夫婦別産制が確立したとされる。
　　　(3)　ド イ ツ：原則別産制。財産管理は独立に行えるが，財産全体の処分には他方の同意が必要。
　　　(4)　フランス：財産に関する特段の契約なく婚姻するときは法定共通制（夫婦双方の共通財産と夫又は妻の特有財産が併存する）。

＊財務省webサイトhttps://www.mof.go.jp/tax_policy/summary/income/029.htmより

第11話

収入金額と必要経費

　所得税とは，個人の所得に担税力を見出し課税するものです。そして，この所得金額の計算方法の基本型は**「収入金額－必要経費」**となります。収入金額がそのまま所得金額になるのではありません。ここではこの収入金額と必要経費について考えてみることにします。

(1)　収入金額

　所得税法は，この収入金額について，「別段の定めがあるものを除き，その年において収入すべき金額」と規定します（所税法36①）。その年においてとあるのは，所得税が 1 月 1 日から12月31日までの所得を課税対象とする**暦年課税**（国通法15②一）によるからです。ですから所得税では，その収入金額が「いつ」のものなのかが重要となります。収入金額の**年度帰属**の問題です。例えば，今年は黒字だが来年は赤字が見込まれる場合，来年の収入金額とすれば租税負担が軽減することになります。このような恣意性の介入は課税の公平から望ましくありません。法的な基準が必要となります。なお，所得税法は**収入すべき金額**といいます。これは「収入した金額」ではありません。ですから現実に収入した金額だけではなく，現実には収入してはいないが，収入することが確実な金額も含まれることになります。これを**権利確定主義**といいます（例えば，最判昭和40.9.8刑集19巻 6 号630頁）。この考え方は，企業会計における**発生主義（実現主義）**に相応するものといわれ，収入金額の認識時期を法律的にとらえる際のルールとされています（福岡地判昭和42.3.17行集18巻 3 号257頁）。同じように企業会計でも収益の認識基準は重要です。企業会計では，その基準として，

発生主義，実現主義そして現金主義がいわれています。**発生主義**とは，取引が発生した事実に基づいて収益および費用を認識することをいいます。**実現主義**とは，特に収益を認識する際に使われます。発生主義により認識されたもののうち，債権の成立などがあった時点で認識しようとするものです。例えば，商品の売買等のケースでは，その引渡しの時に収益として認識するのです（**引渡基準**）。そして**現金主義**ですが，現金の受取りまたは支払いの時に収益または費用を認識することをいいます。

　なお**別段の定めがあるものを除き**とありますが，これは例外ということです。この例外には，たな卸資産等の自家消費の場合，農産物の収穫の場合など（所税法39〜44の3）があります。さらに所得税法36条1項は，「金銭以外の物又は権利その他経済的な利益をもって収入する場合には，その金銭以外の物又は権利その他経済的な利益の価額とする」ともいっています。ですから収入金額は金銭によるものに限らないのです。

　所得税は，収入金額の認識基準として権利確定主義を採用します。すると例えば裁判で争っている場合，不法な収入などの場合には，法律上の権利が確定していないため，いつの時点で収入金額とするのかが問題になります。権利確定主義の立場からすれば，これらは原則として収入金額としなくともよいことになります（最判昭和46.11.9民集25巻8号1120頁）。しかし法律上の権利が確定していなくとも，経済的な利得を管理し，支配できる状況になっていれば収入金額に計上するという考え方もあります（**管理支配基準**）。そして判例等ではこれを支持するものもあります（例えば，最判昭和53.2.24民集32巻1号43頁，前掲最判昭和46.11.9，その他，最判平成10.11.10判時1661号29頁，原審同旨福岡高裁那覇支部平成8.10.31行集47巻10号1067頁，第1審は，各年度で課税すべき旨を判示，那覇地判平成6.12.14判時1541号72頁）。

　かつての課税実務は，「収入金額とは収入すべき金額をいい，収入すべき金額とは収入する権利の確定した金額をいうものとする」（旧所税基通194）とし，権利確定主義の立場を明らかにしていました。それゆえ原則として，「詐欺又は強迫により取得した財物は一応所有権が移転するものであるから，当該財物から生ずる所得」や「賭博による収入」には課税する一方で，「窃盗・強盗又は横領により取得した財物については，所得税を課さない」とされていました

（旧所税基通148）。それを「その収入の基因となった行為が適法であるかどうか
は問わない」（所税基通36－1）とその取扱いを変更しました。ここには「権利
の確定」という言葉は出てきません。課税実務（通達）の変更により，判例な
どによりいわれる収入金額の認識基準に関する解釈へと変更したのです。

　ではこの権利確定主義と管理支配基準は，どのように使い分けるのでしょう
か。判例では，権利確定主義が原則，管理支配基準は例外というものの（前掲
最判昭和53.2.24），その使い分けの基準は不明確です。これでは法的安定性が損
なわれます。租税法律主義の観点から問題の残るところです。

(2)　必要経費

　必要経費とは，投下資本の回収部分に対して課税がなされないようにするた
め，所得金額の計算において収入金額から控除されるものということができま
す。そして所得税法37条は必要経費についての規定です。そこでは必要経費の
範囲を次の2つに区分しています。

①　売上原価，その他その収入金額を得るために直接要した費用の額

　代表的なものとして商品の仕入費用などがあげられます。売上収入に直接に
結びつく費用であることから収入金額と**個別対応**の関係にある必要があります。
つまり，商品の仕入費用でも売れ残り（在庫）部分は該当しないことになりま
す。

②　販売費，一般管理費その他これらの所得を生ずべき業務について生じた
　費用

　人件費・事務用品費などがこれに当たります，収入金額とは直接関係なく発
生する費用です。収入金額と**期間対応**の関係にあるものです。「業務について
生じた」ものであれば必要経費となるのです（東京高判平成24.9.19判タ1383号
204頁）。ただし，債務の確定しないものは除かれます（**債務確定主義**）。この
債務が確定しないものの代表例として**減価償却費**などが挙げられます。

　なおこの必要経費についても，**別段の定め**があるものを除くとされています。

(3)　家事費・家事関連費

　家事費とは，被服費・食費・住居費・娯楽費・医療費および子供の学費などといった個人の生活における支出をいいます。個人には事業活動の場面とその所得を消費する場面とがあります。この所得を消費する場面の支出（家事費）は必要経費とはならないのです（所税法45①一）。さらに，必要経費と家事費のいずれにも該当するような性格の支出（**家事関連費**）も考えられます。例えば，接待費・交際費，店舗兼住宅の家賃・火災保険料・水道光熱費などがこれに当たります。家事関連費については，その主たる部分が業務上必要であり，かつ，その部分が明確に区分できるなどの場合，その部分の金額に限り必要経費に算入できます（所税法45①一，所税令96①一）。また青色申告の場合には，帳簿等に記録し，業務の遂行上直接必要であることを明らかにできるときには，その部分の金額に限り必要経費に算入できます（所税令96①二）。

(4)　親族が事業から受ける対価

　所得税法56条は，例えば事業主がその従業者に対し，必要経費として対価を支払ったとしても，その従業者が事業主と生計を一にする親族である場合には，事業主が支払った対価をその事業における必要経費に算入することを認めていません。同時にその対価の支払いを受けた生計を一にする親族従業者も，その対価の額を所得とはみないのです。

　この規定は，1950（昭和25）年のシャウプ勧告により，課税単位が世帯単位課税から個人単位課税へと変更された際に，個人単位主義の例外として導入されました。個人単位主義による租税回避を防止するためです。その理由として，①わが国では必ずしも家族従業員に給料を支払う慣行がない，②企業と家計の分離が不明確，そして③適正な対価の認定が困難，が挙げられています（松山地判昭和49.1.21税資74号52頁）。しかし法人であれば，この生計を一にする親族に支払った給料も損金算入が認められることなどから，いずれの理由も今日では説得力に欠けるようにも思われます。ことさら実際に支払っているにもかかわらず，所得税法がそれを無視することは不合理であることは明らかです。所

得税法はこの不合理を解消するため，事業主が青色申告の場合には**青色事業専従者給与**（所税法57①②，所税令164）を，白色申告にも**事業専従者控除**を導入しました（所税法57③，所税令165）。しかし，この事業専従者控除は定額の控除（配偶者の場合86万円まで，その他は50万円まで）しか認めていません。実際にはそれ以上の対価の支払いがあっても控除できないという問題は残ったままです。

　そしてこれらの規定が新たな問題をつくり出してしまいました。例えば，「弁護士・税理士夫婦事件」（最判平成17.7.5税資255号順号10070）です。この事件では，夫である弁護士が妻である税理士に，自身の所得税申告を依頼し税理士報酬を支払ったのです。この状況を所得税法56条に当てはめると，夫が支払った税理士報酬は必要経費には算入されません。また青色事業専従者給与は専従者に対する支払いの対価をその対象としているため，この事件のように夫婦がそれぞれ独立して事業を営むケースでは対象外となります。原告は，このような場合には所得税法56条が適用されることはなく，また，仮に適用されるとすればそれは憲法14条のいう平等原則に反すると主張しました。これについて最高裁は，妻税理士への支払い報酬を必要経費に算入しない課税処分を肯定しました。併せてこの所得税法56条は憲法14条に反しないとしました（なお，「弁護士夫婦事件」，最判平成16.11.2訟月51巻10号2615頁参照）。

　このような問題は，所得税法56条を廃止せず，同57条で対応したことによる弊害です。所得税法56条の存在意義は，今日失われたといわざるを得ません。だとすれば同法は廃止し，実際に支払った適正な対価は必要経費として認めるという原則に立ち返るべきです。

第12話

所得分類

(1) 質的担税力と量的担税力

　所得税法は，税額計算の過程においてその個人に帰属した所得を，利子所得をはじめとした10種類の所得に区分することを求めます（所税法21①一）。これを**所得分類**といいます。これは応能負担原則に基づく課税を行うためと説明されますが，ここではこの所得分類と応能負担原則の関係を考えてみることにします。

　まず**所得の発生原因**を考えてみると，例えば，預貯金の利子，株式投資による配当，地代家賃，土地の譲渡益などは，いずれも資産の運用や処分などから生じる所得であり，勤労の対価を含まないものです（**資産性所得**）。また，給料，賃金，報酬などは，自己の勤労を唯一の拠り所とするものです（**勤労所得**）。さらに事業活動を営んでいる場合には，事業主は店舗をもち，通常そこで自らも働き所得を得ています。ですからこれは自己の資産と自己の勤労との結合によって得られた所得ということになります（**資産プラス勤労所得**）。これらのうち勤労所得は自己の勤労を唯一の拠り所としていることから，他の所得と比べると最も不安定な状態にあり，最も担税力が弱いということになります。逆に資産性所得はいわば不労所得ともいえ，最も担税力が強いということになります。そしてその中間に位置するのが資産プラス勤労所得ということです。

　つぎに**所得の発生形態**から考えてみると，利子，配当，給与，事業などによる所得は，毎年継続的に発生することが予定されています（**回帰性所得**）。では例えば退職金などはどうでしょうか。これはいわば一生に一回限りのもので，

毎年継続的に発生することが予定されていない所得（**非回帰性所得**）です。そしてこの回帰性所得と非回帰性所得を比べると，回帰性所得の方が担税力は強いということになります。

　これらから所得税法は，所得税額を計算するにあたって，このように所得の発生原因・発生形態といった所得の性質に応じ，所得を10種類に区分し，それぞれの所得の金額の計算方法に差異を設け，**質的担税力**を考慮することにしています。

　そして所得税額の計算では，このような10種類に区分し計算されたそれぞれの**所得の金額**を，すべて合算して**総所得金額**を算出します（所税法21①二）。このような仕組みを**総合課税**といいます。所得税法はこの総合課税を原則とします（ただし，退職所得や山林所得などは，例外的に他の所得と合算せず，税額を計算します。これを**分離課税**といいます）。さらに所得税法は，不動産・事業・山林・譲渡といった一定の所得分類のもと生じた損失の額を他の所得の金額と相殺するよう求めます。これを**損益通算**といいます（所税法69①）。そのうえで**超過累進税率**（所税法89①）を適用することにより，所得の**量的担税力**に応じた課税の実現を図っています（**第15話参照**）。

【10種類の所得分類とその計算方法】

①　利子所得の金額＝収入金額
②　配当所得の金額＝収入金額－負債利子
③　不動産所得の金額＝総収入金額－必要経費
④　事業所得の金額＝総収入金額－必要経費
⑤　給与所得の金額＝収入金額－給与所得控除額
⑥　退職所得の金額＝（収入金額－退職所得控除額）×1/2
⑦　山林所得の金額＝総収入金額－（必要経費＋山林所得の特別控除額）
⑧　譲渡所得の金額＝総収入金額－（取得費＋譲渡経費＋譲渡所得の特別控除額）
⑨　一時所得の金額＝総収入金額－（収入を得るために支出した金額＋一時所得の特別控除額）
⑩　雑所得（一般）の金額＝総収入金額－必要経費 　　雑所得（公的年金）の金額＝収入金額－公的年金控除額

（注）山林・譲渡・一時の各所得の金額の計算における特別控除額は，それぞれ50万円までとされています（所税法32④・33④・34③）。

　このように所得税法は，質的担税力と量的担税力という側面から，憲法の要請する応能負担原則に基づく課税の実現に努めているのです。

(2)　各種所得の概要

①　利子所得（所税法23）

　所得税法は利子所得の範囲を，①公社債の利子，②預貯金の利子，③合同運用信託の収益の分配，④公社債投資信託の収益の分配，および⑤公募公社債等運用投資信託の収益の分配の5種類に限定しています。ですから例えば「貸付金の利子」といった一般的には利子として認識されていても，これは利子所得には該当しません（事業所得・雑所得として扱われます）。それは，これら利子所得が金融商品から得た所得という理由によります。なお本来，利子所得も総合課税されるべきです。しかし，この利子所得は他の所得と分離し，原則として15％の税率による**源泉分離課税**により課税関係は完了します（措置法3）。これは，この利子所得は大量に発生するため課税事務が煩雑になる，たくさんの種類の金融商品があることなどの理由によるものです。そしてこのような取扱いも一応合憲とされています（大阪地判平成2.10.25税資181号103頁）。

②　配当所得（所税法24）

　配当所得とは，法人（一定のものを除きます）から受ける剰余金の配当，利益の配当，剰余金の分配（出資にかかるものに限ります），一定の金銭の分配，基金利息ならびに投資信託（公社債投資信託等を除きます）による所得です。つまり，資本等の出資者がその出資者としての立場において受け取る所得ということです。

　利子所得では収入金額がそのまま所得金額となります。しかし配当所得の場合，借入金により株式等を取得した場合でもその借入金の利子は控除されます。これは配当を得ることを目的に，資金を借入れ利子を支払ってまで株式等を購入し投資しても採算がとれるとの考えによるものです。

　配当所得は総合課税が原則です。しかし，少額な配当に対する申告不要を選択する方法や，源泉徴収された後，申告するかしないかを選択する特例も認め

られています。さらには**少額投資非課税制度（NISA）**といった制度もあります（措置法8の2・8の4・8の5・9の3・37の11の6）。

③　不動産所得（所税法26）

　不動産，不動産の上に存する権利，船舶または航空機の貸付けによる所得（事業所得または譲渡所得に該当するものを除きます）をいいます。資産の貸付けによる資産性の所得で勤労の対価が含まれていない，また含まれるとしても附随的であるところに特徴があります。またその貸付けが，事業的な規模で行われていても貸付けである限り不動産所得とされます。

④　事業所得（所税法27）

　所得税法は，事業所得を，「農業，漁業，製造業，卸売業，小売業，サービス業その他事業で政令に定めるものから生ずる所得（山林所得または譲渡所得に該当するものを除く）」と規定します（所税法27①，所税令63）。しかし，これでは事業所得の発生する業種を列挙するにすぎず，「事業」とは何をいうのかわかりません。ですからどのような要件を満たせば事業所得に該当するのかが問題となります。最高裁は，この事業所得について，「自己の計算と危険において独立して営まれ，営利性，有償性を有し，かつ反復継続して遂行する意思と社会的地位とが客観的に認められる業務から生ずる所得」としています（最判昭和56.4.24民集35巻3号672頁）。ここではまず「独立性」が問題となります。「独立性」とは「自己の計算と危険とにおいて行われる経済活動」から得られる所得ということです。例えば給与所得の場合，「使用者の指揮・命令のもとに従属している」という性格をもっています。これにより給与所得との違いがわかります。2つ目として事業所得は，資産プラス勤労所得でなければなりません。例えば，商品の販売（たな卸資産の譲渡）をみると，これは営利を目的とした継続的な譲渡であり，そこには事業主の積極的な営業活動が必要となります。ですから同じ譲渡でも資産性所得とされる譲渡所得と区別されます。また事業所得には，「社会通念上客観的に事業といえるか」という要素も必要です。なおこれは総合的に判断されます（名古屋地判昭和60.4.26行集36巻4号589頁）。この点で雑所得と区別がなされます。このように事業所得については，他の所

得分類との区分において問題となる場面が多いのです。

　またこの事業所得・不動産所得などには，その金額の計算において収入金額に「総」という文字があります。これはその事業の遂行に附随して生ずる収入を含むことを意味します。

⑤　給与所得（所税法28）

　所得税法は，給与所得についても，「俸給，給料，賃金，歳費及び賞与並びにこれらの性質を有する給与に係る所得」というに留まります。給与所得の基本的性格としては，「非独立的労働，従属的労働からの報酬」（前掲最判昭和56.4.24）ということがあげられます。雇用契約に基づき被用者が雇用者（企業・雇用主）から受ける報酬が典型的な例です。さらに，「これらの性質を有する給与」とされていることから，この典型的な雇用関係に基づく報酬よりも広い概念ということになります。例えばここには勤務先から受ける「経済的利益」も含まれるのです。こうした経済的利益は，フリンジ・ベネフィット（給与外給付・現物給与など）とよばれます（**第13話**参照）。

⑥　退職所得（所税法30）

　退職手当，一時恩給その他の退職により一時に受ける給与およびこれらの性質を有する給与としての所得をいいます。退職所得は，雇用契約に基づき被用者が雇用者（企業・雇用主）から受ける報酬にもかかわらず給与所得と区分する理由は，退職所得が，退職者が長期間勤務したことによる報償であり，長期にわたる勤務期間に提供した労務の対価の一部が累積したものを一括で支払われたものであること。さらに退職所得が，退職者の退職後の生活保障のためのものであることがあげられます（最判昭和58.9.9民集37巻7号962頁）。ですから退職所得に該当するためには，退職を機会に受ける報酬であっても，このような内容のものである必要があります。例えば，ここでは「一括払い」，つまり「一時に支払われること」とあることから，退職を機会に受け取るものであっても，定期的・継続的に受け取るものは該当しません。この場合は年金として雑所得になります。また退職所得は，他の所得とは合算せず**分離課税**となります。

⑦ 山林所得（所税法32）

　山林所得とは，山林の伐採または譲渡による所得をいいます。「山林の伐採による所得」とは，山林を伐採して譲渡したことによる所得を，「山林の譲渡による所得」とは，山林を伐採しないで譲渡したことによる所得をそれぞれいいます（所税基通32-1）。ただし，山林をその取得の日以後5年以内に伐採し，または譲渡することによる所得は，事業所得または雑所得とされます（所税法32②）。この所得分類は，山林所得が5年を超える長期間にわたる山林経営の成果が，一時に実現したものであるという点に着目してのものです。それゆえこの山林所得には特別な課税方法がとられます。まず，他の所得と合算せずに**分離課税**とされます。さらに山林所得については，いわゆる5分5乗方式により課税されるのです。これはその所得金額を5分割して，その分割後の所得に超過累進税率を適用し税額を求め，これを5倍するという課税方式です（所税法89①）。

　また，山林をその土地とともに譲渡した場合は，山林の譲渡については山林所得，土地の譲渡については譲渡所得に区分されます（所税基通32-2）。

⑧ 譲渡所得（所税法33）

　譲渡所得とは，資産の譲渡による所得です。ただし，たな卸資産の譲渡，その他営利を目的として継続的に行われる資産の譲渡による所得は，事業所得または雑所得に区分されます。例えば，不動産業者が販売用の土地や建物を譲渡した場合は事業所得となるのです。さらに山林所得に該当するものも除かれます。

　所得税法は，譲渡所得を「資産の譲渡」による所得といいますが，その本質は，保有してきた資産の価値の増加益に課税するものです。つまり，その資産の評価益を所得として，「その資産が所有者の支配を離れて他に移転するのを機会に，これを清算して課税する」（最判昭和47.12.26民集26巻10号2083頁）ものなのです。保有期間中にその資産の価値は毎年増加してきたものの，この保有期間中は未実現の利得であるため課税できないことから，利益が実現する譲渡のタイミングで課税するのです。このように長期間にわたり発生した資産の価値の増加が一時に実現するという譲渡所得の性格から，所得税法は，譲渡所得

の計算において5年の保有期間を基準として，5年以内の譲渡の場合を**短期譲渡所得**（所税法33③一）と，また5年を超える場合を**長期譲渡所得**（所税法33③二）と区分して，長期譲渡所得にはその2分の1のみを総所得金額に算入するなどの差異を設けています。

　また譲渡所得には，土地・家屋の譲渡所得の分離課税などの特例が数多く規定されています（**第14話**参照）。

⑨　一時所得（所税法34）

　所得税法は，一時所得を「上記①利子所得から⑧譲渡所得以外の所得のうち，営利を目的とする継続的行為から生じた所得以外の一時の所得で，労務その他役務又は資産の譲渡の対価としての性質を有しないもの」と規定します。つまり一時に受け取る利得のうち，臨時的・偶発的なもので対価性のないものということです。ですから，①営利を目的とする継続的行為から生じた利得，②労務その他役務の対価性をもつ利得，および③資産の譲渡の対価性をもつ利得は，一時所得にはあたりません。具体的には，懸賞の賞金品，競馬の払戻金（営利を目的とする継続的行為から生じたものは除かれます。例えば，最判平成27.3.10刑集69巻2号434頁など），法人からの贈与による金品（所税基通34-1），例えばふるさと納税による返礼品などがこれにあたります。

　一時所得は，その年中の総収入金額から「その収入を得るために支出した金額」の合計額を差し引いて計算します。ここでいう「支出した金額」とは，その利得が生じた行為のため，またはその利得が生じた原因の発生に伴い直接必要になった金額に限るものとされており，必要経費より狭いものとなっています。なお，総所得金額を計算する場合には，一時所得の金額の2分の1が課税対象となり，他の所得との総合課税がなされます（所税法22②二）。

⑩　雑所得（所税法35）

　雑所得とは，上記の①利子所得から⑨一時所得のいずれにも該当しない所得をいいます。ですから雑所得は，9種類の所得区分に該当しないすべての所得が含まれることになります。このことから所得税法は包括的所得概念を採用しているということができるのです。ただし，いずれにも該当しないということ

は，その範囲が明確ではない，といった租税法律主義からの問題もあるところ
です。

　なお公的年金等は雑所得に区分されます。しかし，この公的年金等以外の雑
所得については特に明確な定義はありません。このため利子所得から一時所得
までのいずれかの区分にあてはまるのか否かを検討し，どれにもあてはまらな
ければ雑所得ということになります。それゆえ判定が難しいともいえます。例
えば，政治家の政治資金収入はこの雑所得となります（東京高判平成8.3.29税資
217号1258頁）。また近年，この所得分類が予定していなかった発生原因による
所得がみられるようなりました。「仮想通貨（暗号資産）に関する所得」など
がその代表的な例です。これらは利子所得から一時所得までには分類できない
ことから雑所得に区分されることになります。このように近年，雑所得として
扱わざるを得ない所得が増加する傾向にあります。

　ここでみてきた所得分類ですが，雑所得の例からもわかるように，そろそろ
再構築する時期がきているようにも思います。

第13話

給与所得課税

(1) 給与所得における必要経費

　所得税法28条1項は給与所得の範囲として，「俸給，給料，賃金，歳費及び賞与並びにこれらの性質を有する給与」と規定します。この他にも給与所得として扱われるものに，**青色事業専従者給与**（所税法57①）と**事業専従者控除**（所税法57④）があります（**第11話**参照）。

① 給与所得控除

　所得税における所得金額の計算方法の基本型は「収入金額－必要経費」です。しかし給与所得の場合，必要経費を控除することはせず，代わりに**給与所得控除額**を控除します（所税法28②）。この給与所得控除額は高額に設定されています（所税法28③）。しかし，実際にかかった必要経費の額が，給与所得控除額を上回った場合でも実額経費の控除が認められず，法定の給与所得控除額しか認められないのです（**図表13－1**）。

　これが憲法に違反するとして争われた「大島サラリーマン訴訟」（最判昭和60.3.27民集39巻2号247頁）において最高裁は，「給与所得者は，事業所得者等と異なり，自己の計算と危険とにおいて業務を遂行するものではなく，使用者の定めるところに従って役務を提供し，提供した役務の対価として使用者から受ける給付をもってその収入とするものであるところ，右の給付の額はあらかじめ定めるところによりおおむね一定額に確定しており，職場における勤務上必要な施設，器具，備品等に係る費用のたぐいは使用者において負担するのが通例であり，給与所得者が勤務に関連して費用の支出をする場合であっても，各

自の性格その他の主観的事情を反映して支出形態，金額を異にし，収入金額との関連性が間接的かつ不明確とならざるを得ず，必要経費と家事上の経費又はこれに関連する経費との明瞭な区分が困難であるのが一般である。その上，給与所得者はその数が膨大であるため，各自の申告に基づき必要経費の額を個別的に認定して実額控除を行うこと，あるいは概算控除と選択的に右の実額控除を行うことは，技術的及び量的に相当の困難を招来し，ひいて租税徴収費用の増加を免れず，税務執行上少なからざる混乱を生ずることが懸念される。又，各自の主観的事情や立証技術の巧拙によってかえって租税負担の不公平をもたらすおそれもなしとしない」として合憲の判断をしました。憲法論としては一応決着がつきました。しかしここで示された理由はいずれも説得力に欠けます。それは同じことが事業所得の場合でもいえるからです。ですから給与所得に限って実額経費控除を認めない理由とはならないはずです。

　また，実際にかかった必要経費の額が，給与所得控除額を上回った場合，所得のないところへ課税してしまうことにもなります。ですから立法論としては，給与所得控除と実額経費控除の選択を認めるべきとする意見も多くあるところです。そして，その解決策として特定支出控除が創設されました。これにより限定的ですが実額経費控除が認められたことになるのかもしれません。

【図表13－1】【給与所得控除額】

給与等の収入金額		給与所得控除額
1,625千円以下		550千円
1,625千円超	1,800千円以下	収入金額×40％－100千円
1,800千円超	3,600千円以下	収入金額×30％＋80千円
3,600千円超	6,600千円以下	収入金額×20％＋440千円
6,600千円超	8,500千円以下	収入金額×10％＋1,100千円
8,500千円超		1,950千円（上限）

②　特定支出控除

　給与所得者（サラリーマン）は必要経費を控除することができないという批判から，1988（昭和63）年に**特定支出控除**が創設されました（所税法57の2）。これは，給与所得者が支出する通勤費・転居費・研修費・資格取得費・帰宅旅費の合計額である**特定支出**が給与所得控除額を超える場合には，給与所得控除

額に加えてその超える部分も控除できるという制度でした。しかし特定支出の範囲が狭いこと，給与所得控除額を超えるときでなければ利用できないなどの理由から，この制度が利用できるサラリーマンはほとんどいませんでした。全国で一桁のサラリーマンしか利用できない制度では意味がありません。

　そこで2013（平成25）年の申告分から，資格取得費に弁護士等が加えられるなどの範囲の拡大，勤務必要経費（図書費・被服費・交際費）が特定支出に追加されました。さらに2016（平成28）年の申告分からは，その年中の特定支出の合計額が，給与所得控除額の２分の１を超えるときは，その超える部分の特定支出の額を給与所得控除額に加算する改正がなされました（所税法57の2①）。この改正は，給与所得控除額の２分の１を給与所得における**概算経費控除**とみなし，残りを「他の所得との負担調整のための特別控除」（後述の担税力控除，把握控除，利子控除）とし，特定支出が給与所得控除における概算経費控除部分を超える場合には，その超える部分を特定支出控除として認めるものです。しかしこれにも疑問が残ります。それは，給与所得控除額が給与収入に比例していることから，給与収入が増えれば，「他の所得との負担調整のための特別控除」部分もすべて同じように比例して増加することになるからです。

　ですからこのような部分的な拡大では意味がありません。実額経費控除，実額経費控除と概算経費控除の選択制（給与所得控除と実額経費控除の有利な方を選択する方法）はもとより，給与所得課税そのものの検討が必要なのです。この実額経費控除の問題は，給与所得者の**確定申告権**のあり方などにも関係するからです。

③　給与所得者における必要経費

　給与所得の計算において実額経費を控除するとしても，給与所得者における必要経費とは具体的に何をいうのでしょうか。現行の所得税法における必要経費（所税法37）をそのまま当てはめると，**収入金額を得るために直接要した費用の額**もしくは**所得を生ずべき業務について生じた費用**ということになります。前者，すなわち勤務上必要な費用は，大島サラリーマン訴訟判決でもいうように「使用者において負担するのが通例」のようです。すると給与所得者の必要経費は存在しないということにもなります。諸外国の例をみても，勤務関連費

用である後者の考え方をもって給与所得者の必要経費としています（**図表13-2**）。わが国における給与所得者の必要経費については，この「所得を生ずべき業務について生じた費用」として構築し，立法化する必要があります。

【図表13-2】【給与所得者を対象とした実額経費控除の国際比較】（2017年1月現在）

	日　　本	アメリカ	イギリス	ド　イ　ツ	フランス
給与所得者の必要経費の実額控除	特定支出控除	項目別控除(注1)	職務の遂行に必要不可欠な支出，及び旅費等	収入の取得，確保及び維持のための支出	職務遂行を目的とした支出
通　勤　費	・通勤に通常必要な運賃	控除は認められない	控除は認められない	・通勤に通常必要な運賃	・通勤に通常必要な運賃
転　勤　費	・転勤に伴う転居のために通常必要な運賃・宿泊費 等	・転勤費用	原則として控除は認められない	・転勤費用	・転勤費用
旅　費　等	・単身赴任者の帰宅旅費（月4回を限度）	・職務上の旅費	・職務上の旅費	・職務上の旅費・単身赴任者の帰宅旅費及び住居費等	・職務上の旅費・単身赴任者の帰宅旅費及び住居費等
資格取得費，研修費，図書費	・資格取得費・研修費・図書費(注2)※職務上必要なものに限る	・研修費・図書費※職務上必要なものに限る	原則として控除は認められない	・研修費・図書費※職務上必要なものに限る	・資格取得費・研修費・図書費※職務上必要なものに限る
衣　服　費	勤務先で着用する制服等の費用で，職務遂行に直接必要なもの(注2)	職業上必要とされる特殊な衣服（通常の着用に適さないもの）の費用	職業上必要とされる特殊な衣服の費用	職場のみで着用される職業用の衣服の費用	職業上必要とされる特殊な衣服の費用
そ　の　他	・交際費（得意先等に対する接待等のための支出で，職務の遂行に直接必要なもの）(注2)	・交際費（原則，支出額の50%まで）。事業活動に直接関係する等の場合に限る。・一定条件下で，職務関連の団体等に支払った会費 等	・一定条件下で，職務関連の団体等に支払った会費等	・交際費（原則，支出額の70%まで）。職務上の目的に限る。・一定条件下で，職務関連の団体等に支払った会費 等	・交際費（職務遂行上必要なものに限る）・労働組合費等
概算経費控除との関係	上記の特定支出額のうち，当人の給与所得控除の2分の1を超える部分について，実額経費控除可	概算経費控除制度との選択制	－	概算経費控除制度との選択制	概算経費控除制度との選択制

（備考）上記は各国における原則的な取扱いを示したもの。
（注1）転勤費を除く多くの費用については，調整総所得の2％超の部分のみ実額経費控除が認められる。また，実額経費控除全体について，高所得者に対する逓減措置がある。逓減措置は，調整総所得が313,800ドル超の納税者（夫婦共同申告の場合）について，（A）調整総所得のうち313,800ドル超の部分の3％，または（B）実額経費控除総額（医療費・投資利子・雑損・ギャンブル損失の各控除を除く）の80％，のうち小さい方の額を，控除額から減額。なお，転勤費は総収入から直接控除可能（概算経費控除又は実額経費控除のいずれを選んでも可）。
（注2）図書費，衣服費，交際費の合計で65万円が上限。
＊税制調査会（2017年10月23日）資料24頁https://www.cao.go.jp/zei-cho/gijiroku/zeicho/2017/29zen13kai3.pdf一部加筆

④　概算経費控除

　特定支出控除を，実額経費控除移行への過渡的な制度と捉えたとしても，一定の期間，実額経費控除と概算経費控除の選択制とすることも必要です。なお，大島サラリーマン訴訟判決でも選択制がいわれ，諸外国の例をみても同様に選択制を採用する国もあります（**図表13−2**）。

　わが国の場合，給与所得控除をもって概算経費控除といわれます。しかしこの給与所得控除は，①必要経費の概算控除，②担税力控除（勤労所得である給与所得は，資産性所得などに比べ不安定であることの調整），③把握控除（捕捉率格差の調整），そして④利子控除（源泉徴収による早期納税の調整）から構成されると説明されます。もともとこの給与所得控除は，1913（大正2）年に**勤労所得控除**として始まりました。ここでいう②の担税力控除です。ですから給与所得控除の内容として，この部分もかなりのウエイトを占めるはずです。概算経費控除という場合，単に給与所得控除，もしくは単にその2分の1をもって概算経費控除とはせず，給与所得控除を構成する4つの要素それぞれの金額を明らかにし，①の必要経費の概算控除分をもって概算経費控除としなければなりません。

　この給与所得控除額は，これまで給与収入に比例して増加するスタイルでしたが，2012（平成24）年改正によりその上限が設定されました。所得の再分配機能を回復するためであり，概算経費控除部分を全体の2分の1としてその部分を削減したのです。その後も逐次この上限が引き下げられています。確かに収入金額に比例するスタイルは，必要経費を収入金額を得るための直接費用的な思考によるものであり不合理です。しかしこの給与所得控除額を見直すにあ

たり，その内容である4要素の中身を明確にし，そのうえでそれぞれの要素を
見直す作業が必要です。

(2)　源泉徴収制度

①　源泉徴収制度とは

　給与等を支払う者（企業・雇用主）は，給与等を支給するたびに税額表（**図表13−3**）を用いて，所得税額を算出し（**源泉徴収税額・源泉所得税**などと呼ばれます），給与等からその所得税額を天引き徴収し，国に納付しなければなりません。この制度を**源泉徴収制度**（所税法181以下）といいます。ただし，源泉徴収される所得には給与所得のほか，利子所得，配当所得などがあります。

　給与所得で給与所得控除額を控除して所得金額を計算するのは，給与所得が源泉徴収される（所税法183以下）からです。源泉徴収をするためには，必要経費を個々に認定していては実行できません。概算経費により控除する必要があるのです。このようにこの制度は，徴税の便宜を図るために採用されていますが，とくに給与所得者の納税者意識を低下させるものとして以前から強く批判されているところです。

【図表13−3】【給与所得の源泉徴収税額表（2022年分）】

（一）　**月額表**（平成24年3月31日財務省告示第115号別表第一（令和2年3月31日財務省告示第81号改正））（〜166,999円）

その月の社会保険料等控除後の給与等の金額		甲								乙
		扶　養　親　族　等　の　数								
		0 人	1 人	2 人	3 人	4 人	5 人	6 人	7 人	
以　上	未　満	税					額			税　　額
円 88,000	円 円未満	円 0	円 0	円 0	円 0	円 0	円 0	円 0	円 0	円 その月の社会保険料等控除後の給与等の金額の3.063%に相当する金額
88,000	89,000	130	0	0	0	0	0	0	0	3,200
89,000	90,000	180	0	0	0	0	0	0	0	3,200
90,000	91,000	230	0	0	0	0	0	0	0	3,200
91,000	92,000	290	0	0	0	0	0	0	0	3,200
92,000	93,000	340	0	0	0	0	0	0	0	3,300

②　国・源泉徴収義務者そして納税義務者の法律関係

この源泉徴収制度では3人の人物が登場します。国（課税庁），企業・雇用主（**源泉徴収義務者**といいます〔所税法6〕），そして給与等の支払いを受ける**納税義務者**（**受給者**と呼ばれます）です。ですから，①国と源泉徴収義務者，②国と納税義務者，③納税義務者と源泉徴収義務者といった3つの法律関係が存在するのです。

この源泉徴収制度では，納税義務者が自分自身の租税を自ら納付する義務がないのです。ですから納税義務者は国と直接の関係がないことになるのです。また，源泉徴収義務者は，納税義務者に代わって租税を納付するのです。こうした法律関係がいくつもの法律上の課題をつくり出してしまいました。

国と源泉徴収義務者の関係では，源泉徴収義務者は国のために租税を徴収し，納税義務者に代わって租税を納付するのです。

国と納税義務者との関係では，例えば，源泉徴収税額が過大であった場合でも，納税義務者はこの過大税額について，直接国に租税の還付を請求はできません。それは「源泉徴収された税額又は源泉徴収されるべき税額」（所税法120①四）について，確定申告によって控除できるとされるからです。源泉徴収義務者が過大に租税を徴収し納付したことは，源泉徴収義務者の責任として処置すべきとされているのです（最判平成4.2.18民集46巻2号77頁）。つまり納税義務者は，源泉所得税額を天引き徴収されるという義務は負いますが，源泉徴収義務者がした過誤納付税額についての還付などを直接国に請求はできないのです。

納税義務者と源泉徴収義務者の関係では，両者の間には，租税の債権債務について権利義務は生じません。単に，私法上の債権債務として扱われるに過ぎないのです。例えば，納税義務者が企業・雇用主である源泉徴収義務者に，家族状況などを知らせるために提出する**給与所得者の扶養控除等申告書**（所税法194）にミスがあり，税額に違いが生じてしまい源泉徴収義務者に附帯税の負担が求められた場合，誰がその附帯税を負担するかについて税法には定めがなく，納税義務者と源泉徴収義務者との間の私法上の問題となるのです（最判昭和45.12.24民集24巻13号2243頁）。

③ 源泉徴収制度の憲法的評価

源泉徴収制度では，企業・雇用主である源泉徴収義務者に無償で徴収・納付義務を課すことになり，憲法29条3項のいう「正当な補償」との関係が問題となります。この問題の合憲性が争われた事件で最高裁は，源泉徴収義務者に強いられる経済的な負担はわずかであり，この程度の義務を課すことは著しく不合理とはいえないことから，違憲とはいえないと判示しました（最判昭和37.2.28刑集16巻2号212頁）。また，納税義務者でない第三者に租税を徴収する義務を課すことと憲法14条の「法の下の平等」との関係についても，最高裁は，納税義務者と特別な関係にある者に徴収納付の義務を負わせることは不合理ではないとしました（最判昭和37.2.22刑集16巻2号107頁，最判平成元.2.7訟月35巻6号1029頁）。

④ 年末調整

給与所得者は，毎月の給与の支給を受ける際，源泉所得税が天引徴収されます。しかし，この毎月の源泉所得税の額の合計額と，この給与所得者の年税額は一致しません。それは例えば，毎月の源泉所得税は扶養親族等の数により決まります。しかし，年の途中において扶養親族等が増えた場合，年税額は増えた後の扶養親族等の数で計算されるなどの理由によります。この年税額の過不足を精算する手続きを**年末調整**といいます（所税法190）。

この年末調整は，給与等の支払者（企業・雇用主）が行うことになっており，給与所得者だけに適用されるものです。ですから給与所得者は，通常，源泉徴収と年末調整で所得税が完結し，医療費控除（所税法73）やふるさと納税などの寄附金控除（所税法78）の適用をうけるといった，ごく限られた場合にだけ自ら確定申告をすることになります。このようなことから，給与所得者は手間が省けて楽だということがいわれます。しかし，この源泉徴収と年末調整が，給与所得者に，自分がどのくらい納税しているのかといった意識の低下や，自分の納めた租税がどのように使われているのかといった租税に対する無関心をつくり出しているといった批判も多いところです。給与所得者における所得税が，年末調整により完結する仕組みは，必要経費を実額控除ではなく給与所得控除によることで可能となるのです。実額控除の場合，それぞれ必要経費の金

額が異なることから各自確定申告が必要となります。特定支出控除を利用する場合，確定申告が必要な理由はここにあるのです（所税法57の2③）。

　わが国は，その財政収入のほとんどを租税による**租税国家**体制を採用します。そして納税者のほとんどが給与所得者です。給与所得者の納税意識・租税に対する関心といった側面から，確定申告による必要経費の実額控除はやはり必要なのではないでしょうか。

第**14**話

譲渡所得課税

(1) 譲渡所得とは

　所得税法は，譲渡所得を「資産の譲渡による所得」と規定します（所税法33
①）。これを文言どおりにとらえると，資産を譲渡し対価を得た場合に，その
対価に課税するものということになりそうです。しかし譲渡所得の本質は，**保
有している資産の値上り益（キャピタル・ゲイン）に対する課税**なのです。

　包括的所得概念のもとでは，すべての経済的利得を所得としてとらえます。
ですからこの値上り益も当然に所得を構成することになります。本来，毎年資
産を評価し値上り益を算定し課税するべきなのです。しかし，これは課税実務
の立場からすれば現実的とはいえません。またこの値上り益は実現した利得で
もありません（**未実現利得**）。これらのことから毎年課税することは適切では
ないことになります。ですから所得税法は，「資産の譲渡」のタイミング，つ
まり所有者がその資産を手放す時点で課税するのです。判例も「譲渡所得に対
する課税は，資産の値上りによりその資産の所有者に帰属する増加益を所得と
して，その資産が所有者の支配を離れて他に移転するのを機会に，これを清算
して課税する趣旨のもの」（最判昭和47.12.26民集26巻10号2083頁）としています
（増加益清算説）。

　ただし所得税法は，譲渡所得に該当しないものとして，「たな卸資産の譲渡
その他営利を目的として継続的に行なわれる資産の譲渡による所得」といいま
す（所税法33②一）。この規定から想定されるのが事業所得です。事業所得は資
産プラス勤労所得であり，自らの活動も必要とされます。しかし譲渡所得には，
資産の値上りという外的要因により偶発的に発生する不労所得であり，資産が

生み出す資産性所得という特徴があります。

　なお事業所得は「総収入金額－必要経費」として，その所得の金額が計算されます（所税法27②）。そして譲渡所得は，「総収入金額－（譲渡資産の取得費＋譲渡費用）」です（所税法33③）。譲渡資産の**取得費**とは，その資産の取得に要した金額（取得価額といいます。）のことですが，取得してから譲渡までの間に改良等をしている場合もあります。取得価額にこれらの設備費や改良費を含めこれを取得費というのです（所税法38①）（なお，借入金の利子について，最判平成4.7.14民集46巻 5 号492頁）。

(2)　資産の範囲

　譲渡所得においてその原因となる資産の範囲は，たな卸資産・営利を目的とする継続売買に係る資産，山林および金銭債権を除く一切の譲渡可能な経済的価値（所税法33②）であり，かなり広いものとなっています。具体的には，土地・借地権・建物・機械その他の資産で，本来販売を目的としない資産が該当することになります。さらに所有権はもとより，借家権又は行政官庁の許可・認可・割当等により発生した事実上の権利も含まれるのです（所税基通33-1）。

(3)　譲渡とは

　譲渡の意味を考えてみますと，売買による有償譲渡が一般的です。この場合，対価を得ていますから，この対価の金額が譲渡所得における収入金額ということになります。では例えば，土地の譲渡の対価として金銭ではなく別の土地を取得した場合（交換契約）の譲渡収入金額はどうなるのでしょうか。所得税法36条 1 項は，「金銭以外の物又は権利その他経済的な利益をもつて収入する場合には，その金銭以外の物又は権利その他経済的な利益の価額」と規定します。さらに同法 2 項は「享受する時における価額」といいます。ですから，対価として金銭以外のモノや権利その他の経済的な利益を受けた場合，その時点でのこれらの時価をもって収入金額とするのです。

　このように譲渡とは，有償譲渡ばかりではないのです。また譲渡には，一般

的に所有権その他の権利の移転を含むと広く理解されています。ですから典型的な売買はもとより，交換・代物弁済・物納・競売・収用なども譲渡に含まれます。さらには借地権を設定し，権利金を受け取った場合，その権利金の額が土地の時価の2分の1を超えるときは，土地の一部の譲渡があったものとされます（所税令79）。ほかにも離婚による財産分与としてなされる財産の移転も譲渡に含まれます（最判昭和50.5.27民集29巻5号641頁）。財産分与義務の消滅という対価（経済的利益）を得ることから，財産の時価相当額で資産の譲渡があったものとされ，譲渡所得として課税されるのです。

(4) みなし譲渡課税

　所得税法は，現実に得る収入を課税の対象とする**権利確定主義**（所税法36）を採用します。この権利確定主義のもと，収入金額というためにはその収入が実現していなければなりません。しかし判例は「資産の譲渡」を，「有償無償を問わず資産を移転させるいっさいの行為」とします。そしてその理由を，「譲渡所得に対する課税は，資産の値上りによりその資産の所有者に帰属する増加益を所得として，その資産が所有者の支配を離れて他に移転するのを機会に，これを清算して課税する趣旨のものであるから，その課税所得たる譲渡所得の発生には，必ずしも当該資産の譲渡が有償であることを要しない」というのです（前掲最判昭和50.5.27）。

　このように譲渡所得課税の根拠としては増加益清算説が有力です。しかし無償による譲渡の場合，課税対象となる値上り益は実現していません。実現していないものを収入金額として認識するとすれば特別な規定が必要なはずです。そこで所得税法は4種類の無償譲渡に限り，その時点における価額に相当する金額により，これらの資産の譲渡があったものとみなすことにしています（所税法59①）。これを**みなし譲渡課税**といいます。

　ただし最近の判例では，「所得税法上，抽象的に発生している資産の増加益そのものが課税の対象となっているわけではなく，原則として，資産の譲渡により実現した所得が課税の対象となっているものである」とするなど，増加益清算説から譲渡益課税説へと向かうものもあります（最判平成18.4.20訟月53巻9

号2692頁)。

【みなし譲渡課税の対象となる財産の移転】

①　法人に対する贈与
②　限定承認による相続
③　法人に対する遺贈
④　個人に対する包括遺贈のうち限定承認による遺贈

＊限定承認とは，相続人が相続によって得た財産の限度においてのみ，被相続人の債務の支払いなどに応じることを条件として，相続を承認する制度のことです（民法922)。
＊包括遺贈とは，例えば遺産の全部とか何分のいくつとかいうように割合を示して行う遺贈をいいます（民法964)。

　かつて，このみなし譲渡課税の範囲は広く扱われていました。1950（昭和25）年シャウプ勧告により制定された当時の所得税法では，相続・贈与はもとより，あらゆる資産の譲渡に値上り益を清算して課税する仕組みが採られていました。しかし，今日ではこの方法はきわめて限定的なものとなっています。具体的には，法人への贈与または遺贈のように，受け入れる側の法人が時価で受け入れるため，取得価額の引き継ぎが行えないといった技術的な理由（①・③）によるものと，限定承認による相続・包括遺贈により財産の移転があった場合といった，被相続人の財産を清算する場合（②・④）に限っています。

　また，法人に対する**低額譲渡**（時価よりも低い価額で移転することです）もみなし譲渡課税の範囲に含めています。これは著しく低い対価での譲渡も「有償譲渡」であることから，低額譲渡としてこのみなし譲渡課税を逃れるのを防止するためです。時価の2分の1未満の対価をもってここでいう低額譲渡としています（所税令169)。この場合，その時点で時価による譲渡があったものとして，贈与者等に譲渡所得税を課しているのです。なおこの「時価」とは相続税評価額ではなく，通常の取引価額とされています（東京地判平成2.2.27訟月36巻8号1532頁)。

　その一方で，①個人間の贈与，②限定承認以外の相続，③個人に対する遺贈，および④個人に対する包括遺贈のうち限定承認以外，の場合には，取得価額の引き継ぎによる**課税の繰延べ**の措置が採られています（所税法60①一）（**第19話参照**）。

　このほかみなし譲渡課税として**国外転出時課税**制度があります。これは2015

（平成27）年度税制改正により創設されたものです。国外転出する一定の居住者が，その転出時に１億円以上の有価証券等を保有する場合には，その転出時に時価により譲渡があったものとして所得税が課税されるのです（所税法60の２）。

(5)　課税されない譲渡所得

　譲渡所得が発生していても，その所得の性格・政策などの観点から，次のような譲渡には課税が行われません。

---

① 　一定の生活用動産の譲渡による所得（所税法９①九）
② 　資力を喪失して債務を弁済することが著しく困難である場合における強制換価手続による資産の譲渡に伴う所得（所税法９①十）など

　資産の譲渡によって損失が生じた場合，この損失は，他の資産の譲渡所得の金額から差し引きます。しかし，このような非課税とされる資産の譲渡において損失が発生した場合には，損失はなかったものとみなされます（所税法９②：大阪高判昭和63.9.27判時1300号47頁）。

　譲渡所得は様々な特例があり，非常に複雑な税制となっているのが実情です。特例を確認するにあたり，まずはその基本的な仕組みを理解しておいてください。

第15話

所得税の計算構造

(1) 所得税の計算構造

　所得税は，具体的にはどのように計算するのでしょうか。所得税法21条は，「所得税額の計算の順序」としてその計算順序を規定します。この規定によれば所得税を計算するためには，次の3つの段階の計算が必要となります。

【所得税額計算のための3つの段階】

> ・第1段階 … 課税標準の計算
> ・第2段階 … 課税所得金額の計算
> ・第3段階 … 税額計算

① 課税標準の計算

　所得税法では，所得を10種類に分類します（所税法21①一）。そしてこの10種類に区分し計算された各所得の金額をすべて合算して**総所得金額**を算出します（所税法21①二）。なおこの合算に当たって，不動産所得，事業所得，山林所得および譲渡所得の計算において生じた損失額は，その他の所得金額から一定の順序で相殺します。この仕組みを**損益通算**といいます（所税法69①）。ただし，**生活に通常必要でない資産**についての損失（所税法69②）や，一時所得・雑所得についての損失の額は，損益通算の対象とはなりません（所税法69①）。また損益通算の結果，控除できない一定の損失（**純損失の金額**といいます〔所税法2①二十五〕）については，翌年以降3年にわたり繰り越して控除できます。これを，**純損失の繰越控除**といいます（所税法70）。

　本来，総合課税のもと**課税標準**はこの総所得金額だけのはずです。しかし，

所得税法は例外的に，退職所得金額，山林所得金額などを**分離課税**の対象としています。ですから，課税標準はこの3つとなるのです（所税法22）。

②　課税所得金額の計算

課税所得金額は，課税標準から雑損控除（所税法72），医療費控除（所税法73），扶養控除（所税法84①）などの15種類の**所得控除**（所税法72～86）を差し引いて計算します。そしてこの控除した後の金額が**課税所得金額**であり，この課税所得金額は**課税総所得金額**，**課税退職所得金額**，**課税山林所得金額**に分かれます（所税法21①三）。

③　税額計算

税額計算は，それぞれの課税所得金額に**税率**を適用して計算します（所税法21①四・89）。そしてそれぞれの課税所得金額に対する税額を合計して所得税額（算出税額）が計算されるのです。次にこの所得税額から，配当控除（所税法92）や住宅借入金等特別控除（措置法41）などといった各種の**税額控除**を差し引きます（所税法21①四）。この税額控除は，①二重課税の排除，②政策的な減税などを目的になされるものです。そしてこの結果計算されるのが1年間に負担すべき所得税額となります。ただし，給与等で源泉徴収されている税額があるときは，これを控除し，申告納税額を計算します。

【所得税の計算構造のイメージ】

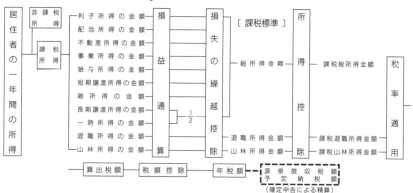

＊税大講本『税法入門（令和4年版）』29頁一部加筆

(2)　総合課税と分離課税

　所得税法は個人の所得を10種類に分類します。それぞれの所得の金額の計算方法に差異を設け，質的担税力を考慮しています（所税法23〜35）。そのうえでこれら各所得の金額を合算し，これに**超過累進税率**を適用する**総合課税**の方式を，所得税法は原則として採用します。

　これとは別に合算計算を行わず，ほかの所得と分けて課税する方式を**分離課税**といいます。この分離課税は，特定の種類の所得に対し，政策的な見地から租税負担の軽減や効率的な課税のため行われています。どの所得が総合課税となるのか分離課税なのかは法令により定められています。ただし納税者が選択できるケースもあります。またこの分離課税には，申告分離課税と源泉分離課税があります。

　申告分離課税では，確定申告における所得税額の計算においてほかの所得から分離して，それぞれの所得ごとに税額計算を行うことになります。退職所得や山林所得はこの方式によります。また**源泉分離課税**では，所得税の課税は，他の所得から分離して一定税率による源泉徴収を行うことにより納税が完了します。利子所得や一定の配当所得などがこれに当たります。

(3)　比例税率と累進税率

　税率とは，税額を具体的に計算する場合に課税標準に適用する比率をいいます。そしてこの税率には比例税率と累進税率とがあります。

　比例税率とは，税額を計算するにあたり，所得や付加価値などといった課税標準の大きさに関係なく一定の比率を適用する仕組みをいいます。例えば，利子所得や源泉分離課税を選択した場合の配当所得，さらには法人税・消費税・固定資産税などがこれに当たります。比例税率の場合，計算はとてもシンプルですが，高額所得者も低額所得者も租税負担率が同じとなってしまい，応能負担原則の観点からすればふさわしくないことになります。

　累進税率とは，課税標準が増えるにつれて税率が高くなっていく仕組みです。これによれば，所得が増えるにしたがい適用される税率も高いものとなってい

くため，応能負担原則に則った方法ということができます。

(4)　単純累進税率と超過累進税率

　応能負担原則にしたがえば，税率は累進税率の方が望ましいようです。ただしこの累進税率にも2つの種類があります。1つが単純累進税率といわれるものであり，もう1つが超過累進税率といわれるものです。**単純累進税率**とは，少し難しくいえば，所得金額といった課税標準の大きさごとに定められている税率を，単純に課税標準の全部に適用して課税する方法です。同様に**超過累進税率**とは，所得金額といった課税標準をいくつかの段階に分け，各段階を超えた部分に，より高い税率を適用して課税する方法ということになります。

　具体例で考えてみます。課税所得金額195万円未満の税率を5％，195万円以上が10％として，Aの課税所得金額が194万円の場合とBの金額が195万円の場合を比べてみます。

　単純累進税率の場合，Aの税額は194万円×5％＝9万7千円，そしてBのそれは195万円×10％＝19万5千円となります。では手元に残るのは，Aは194万円－9万7千円＝184万3千円，Bは195万円－19万5千円＝175万5千円となってしまいます。Bは1万円多く稼いだだけで，Aに比べて8万8千円手取りが少なくなってしまいます。これでは経済活動に悪影響を与えてしまいます。

　では超過累進税率の場合どうなるのでしょうか。超過累進税率ですとAは194万円×5％＝9万7千円で変わりません。一方Bの税額は，194万円までは5％で9万7千円。194万円を超える部分，つまり1万円部分には10％が課されます（1,000円）。合計で9万8千円です。では手取り金額はどうなるのでしょうか。Aは184万3千円です。Bは，195万円－9万8千円＝185万2千円。このようにして単純累進税率の場合の問題点は解消されました。

　単純累進税率はその計算が簡単な方法となっています。しかし今日，**所得課税**に単純累進税率を採用している国はありません。わが国の場合も，申告所得税，相続税・贈与税において超過累進税率が採用されています。

第16話

所得控除

(1) 所得控除の類型

所得控除とは，所得税額の計算過程において，課税標準から一定の金額を控除することをいいます。現在，所得税法には15種類の所得控除があります。そしてこれらはその制定理由から以下のように分類されます。

① 最低生活費を考慮するもの

憲法25条は，「健康で文化的な最低限度の生活」を保障しています。これによれば健康で文化的な最低限度の生活を営むに必要な所得には課税してはならないことになります。これを所得税法において具体化したものが基礎控除（所税法86）です（**第5話**参照）。このほか配偶者控除（所税法83），配偶者特別控除（所税法83の2）や扶養控除（所税法84）がこれにあたります。

② 個人的事情を考慮するもの

これは納税者本人またはその親族の個人的事情を考慮してのものです。個人的事情の考慮（人税化）は応能負担原則からの要請です。障害者控除（所税法79），寡婦控除（所税法80），ひとり親控除（所税法81），勤労学生控除（所税法82）があります。

③ 担税力を考慮するもの

所得の稼得活動とは直接関係ないのですが，支出を余儀なくされ，その支出がその個人の担税力を弱めることから，応能負担原則により認められるもので

す。雑損控除（所税法72），医療費控除（所税法73）がこれにあたります。

④　政策的配慮によるもの

政策的な観点から所得控除とされたものであり，公益に役立つ寄附を奨励するための寄附金控除（所税法78），生命保険契約等の保険料や掛け金を支払った場合の生命保険料控除（所税法76）などがあります。

なおこれらの控除は，まず**雑損控除**から行います（所税法87①）。それはこの雑損控除が，その年度の所得から控除してもなお残額がある場合，翌年以降3年間繰越しが認められるからです（所税令204）。

また，①最低生活費を考慮するもの，②個人的事情を考慮するものを総称して**人的控除**と，③担税力を考慮するもの，④政策的配慮によるものを**物的控除**と呼ぶ場合があります。

(2)　パート問題と配偶者特別控除

近年，人的控除についての議論が活発です。配偶者控除・配偶者特別控除についてみれば，税制調査会でも「『働き方の選択に対して中立的な税制』を中心とした個人所得課税のあり方について」（平成26年10月）として議論がなされました。そこでは①配偶者控除廃止案，②移転的基礎控除案（配偶者において控除しきれなかった基礎控除を納税者本人に移転する制度の創設），そして③夫婦世帯に対して配偶者の働き方（収入）に関係なく適用する新たな控除制度創設案などの検討がなされました。しかし最終的には，「就業調整を意識しなくてすむ仕組み」，すなわち「103万円の壁」を150万円に引き上げるとともに，今までと同様に，世帯における手取り金額が逆転しないように配慮された方法が採られることになりました。

パートの人たちが年収を103万円以内に抑えるために，年末になると勤務時間を調整するといった現象がしばしば見受けられます。これが「103万円の壁」といわれる問題です。なぜこのような調整をするのかといえば，夫の所得税において**配偶者控除**を受けるためといわれます（なおここでは，パート就労

者は女性が多かったことからこれを前提に考えてみます）。配偶者控除を受けるためには，その配偶者が**控除対象配偶者**でなければなりません（所税法83①）。そしてこの控除対象配偶者とは，「同一生計配偶者のうち，合計所得金額が1,000万円以下である居住者の配偶者」（所税法2①三十三の二）をいいます。また**同一生計配偶者**とは，「居住者の配偶者でその居住者と生計を一にするもの（…略…）のうち，合計所得金額が48万円以下である者」（所税法2①三十三）のことです。パート収入は給与所得となります。また給与所得の金額は「収入金額－給与所得控除額」として計算されます。なおこの給与所得控除の最低保障額は55万円です（所税法28③一）。ですから合計所得金額を48万円とするためには，パート収入を103万円（103万円－55万円＝48万円）に抑えなければならないということになるのです。では夫の所得税において配偶者控除が受けられないとどうなるのでしょうか。例えば夫の所得金額が1,000万円の場合，配偶者控除を受ければ38万円が控除され962万円が課税対象となります。税率はいずれも33％ですから夫の所得税は，配偶者控除により12万5,400円（38万円×33％）安くなります。パート収入が1万円増え104万円になるとパートの妻にも所得税が発生し，そのうえ夫の所得税もこれだけ増えてしまうことになるのです。これが世帯における手取り金額の逆転現象です。そして，これが俗にいう**103万円の壁**問題であり，女性の社会進出に悪影響を与えているといわれてきました。

　これはこの配偶者控除が，一定金額を超えると控除金額が一気にゼロになってしまう**免税点方式**を採用することによるものでした。そしてこの問題を解決するために1987（昭和62）年に**配偶者特別控除**（所税法83の2）が創設されました。これは免税点方式とは異なり，収入が増えた分だけ控除額が減るという**消失控除方式**となっています。この制度により，収入が103万円を超えると配偶者控除は受けられなくなりますが，配偶者特別控除が全面的に適用され，実質的な控除額は変わらないのです。このように配偶者特別控除の登場により，税法上，「103万円の壁」問題は解決しました。

　なお，2018（平成30）年からこの配偶者特別控除は，そのパート配偶者の収入金額を最高201万円までに拡大しました。その一方で，夫の合計所得金額が900万円を超えると，配偶者控除・配偶者特別控除の金額が逓減し，1,000万円

【配偶者控除と配偶者特別控除の仕組み】

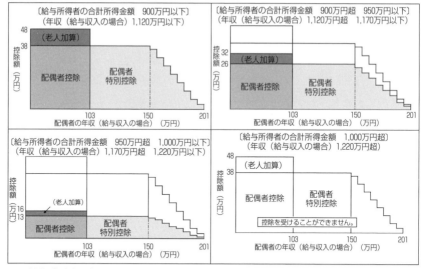

＊国税庁「平成30年分以降の配偶者控除及び配偶者特別控除の取扱いについて」（平成29年6月）（http://www.nta.go.jp/users/gensen/haigusya/pdf/02.pdf）を一部加筆

　を超えるとこれらの控除が消失（ゼロ）することになりました（所税法83①・83の2①かっこ書き）。これが「就業調整を意識しなくてすむ仕組み」ということです。

　このように「103万円の壁」問題は税法上解決ずみです。しかし，現実にはまだこの「103万円の壁」問題が存在しているのです。その原因として，企業では配偶者手当を支給する要件を，その配偶者が配偶者控除対象者としていることなどが挙げられます。ほかにも社会保険料負担の問題，収入金額が106万円を超えると社会保険料を支払わなければならないという問題，さらに「130万円の壁」，これを超えると社会保険において，夫（妻）の扶養から外れるという問題もいわれています。また解決しているはずの所得税に対する誤解もその一因のようです。

(3)　配偶者控除の本質

　税制調査会の議論でも配偶者控除廃止案が検討されました。この背景には配

偶者控除を「専業主婦（夫）世帯に対する優遇制度」とする考え方があるよう
です。憲法25条は「健康で文化的な最低限度の生活」を保障しています。この
規定は，所得のない場合には，最低限度の生活費の支給（社会権的側面）を，
所得がある場合には，最低限度の生活費部分には課税してはならないこと（自
由権的側面）を，それぞれ国家に対して命じているのです。そしてこれが基礎
控除の本質です（**最低生活費非課税の原則**）。この基礎控除はすべての人が等
しく保有する税法上の権利です。しかし専業主婦（夫）は，いくら家事労働に
勤しんだところでそれを所得としては認められません（帰属所得）。また民法
は夫婦の財産関係の原則を「夫婦別産制」としています（民法762①）。結局，
専業主婦（夫）は無所得者なのです（**第10話**参照）。では国家は専業主婦（夫）
に給付をしているのでしょうか。専業主婦（夫）の生活費は夫（妻）の所得に
より賄われます。ですから配偶者控除とは，所得のない配偶者（例えば専業主
婦）の最低生活費控除を他方配偶者（例えば夫）の所得から控除する制度であ
り，所得のある者に対する基礎控除と同じものです。つまり配偶者控除の本質
的意義は，専業主婦（夫）の**最低生活費控除**なのです。それゆえ配偶者控除廃
止論は慎重でなければなりません。最低生活費控除ゆえ**生存権的自由権**問題だ
からです。所得の再分配機能の回復という理由があるにせよ，これら人的控除
に所得制限を設けたり，所得に応じて逓減する仕組みへの変更には疑問をおぼ
えるところです。

　ただし現状「パート世帯」では，パート配偶者が基礎控除を受け，他方配偶
者の所得税計算においても配偶者控除の適用を受けているという「二重の控
除」の問題があります。「パート世帯」が「片働き世帯」や「共働き世帯」よ
りも控除額の合計額が多く，アンバランスなのです。これには課税単位を夫婦
単位とすれば解消されます。わが国税法は個人単位主義をうたいますが，専業
主婦（夫）の税法における生きる権利を，夫（妻）の所得税において配偶者控
除として控除することから純粋な個人単位とはいえないはずです。ほかにも例
えば，所得要件は撤廃したうえで，夫婦それぞれが基礎控除を控除する。もし
くは一方の配偶者のみにおいて基礎控除と配偶者控除の両方を控除することな
どにより解決ができそうです。

(4) 所得控除と税額控除

　所得控除とは，課税標準から一定の金額を控除することです。そして**税額控除**とは，算出税額から一定の金額を控除することです。いずれも租税負担を軽減するという点では一緒です。しかし，所得控除は相対的に高額所得者に有利に働くことになります。例えば所得控除を100万円とした場合，この所得控除額に税率が適用されるからです。具体的には，実際に適用される税率が50％の納税者は50万円が控除され，税率が10％の場合，10万円の所得控除となってしまうのです。これに対して税額控除の場合，算出税額から一定金額が控除されることになります。ですから高額所得者も低額所得者も同額控除され，低額所得者の税負担の軽減がより大きいことになります。この点からすれば税額控除の方が応能負担原則に合致するということにもなります。しかし，この税額控除は算出税額がある場合しか受けることができません。そのため課税最低限以下で納税額がない場合も平等に扱うため，この税額控除に併せ，納税額がない場合には給付するといった制度（**給付つき税額控除**）も議論の対象となっています。

　なおこの税額控除は，税額を計算し税額控除を行わないと納税額があるかどうかわかりません。しかし所得控除ですと，所得控除の結果，課税所得がゼロになれば納税額がないことがわかります。このように手続面からみれば所得控除の方が簡便です。所得税法における各種控除は，税額控除として導入されましたが所得控除に切り替えられたのはこのような理由によります。なお現在，税額控除は政策的なものが多くなっています。

　ただし，人的控除についてみれば，最低生活費非課税の原則からその部分には課税しないことが求められます。これを税額控除とした場合，この最低生活費部分にも，いったん課税されてしまうことになります。ですからこの人的控除を最低生活費控除制度として捉えるのであれば，税額控除より所得控除の方が妥当であることになります。

第17話

法人税の基礎

(1) 法人擬制説と法人実在説

① 法人とは

　法人税とは，法人という団体の所得に課される租税のことです。ここではまずこの法人の性格を代表的な例である会社で考えてみます。会社の基本的性格は**営利社団法人**です（平成17年改正前商法52）。会社法でも事業としてする行為・事業のためにする行為を**商行為**（会社法5）とします。ですからまず会社の性格にはこの**営利性**があげられます。また社団としての性格もあります。**社団**とは一定の目的のために集まった人の集団です。つまり会社とは，営利を目的に作られた人の集団（団体）ということです。

　会社の活動は，常に営利追求活動なのです。この点，個人事業主には，営利追求活動（事業活動）と消費活動といった2つの側面があります。ここに会社と個人事業主と大きな違いがあるのです。また，会社は営利追求目的の団体ですから，会社の支出は，営利追求活動のものとして，原則，費用ということになります。個人事業主の場合の，「家事費・家事関連費」（所税法45①一）・「親族が事業から受ける対価」（所税法56）といった問題は生じないのです（**第11話**参照）。例えば会社では，親族が事業に従事し給与を支給した場合，その給与は費用となります。さらに法人税の方が所得税よりも税率が低いなど，法人税の方が有利であったこと，社会的信用力も会社（法人）の方が強いなどの理由

から，わが国の場合，**法人成り**する企業が多く，法人税の対象となる法人の数
は諸外国に比べ多くなっています。

②   会社の利益は誰のものか

会社とは，営利を目的に集まった人の集団が**法人格**をもったということです。
ではこの会社が儲けた利益とは，いったい誰のものなのでしょうか。法人税は，
法人の所得に対して課税されるものです。ですからこの法人の所得は誰のもの
かということは，法人税のあり方を考えるうえでの基本的な問題として重要な
のです。なおこの問題は，あくまで法人税のあり方についてのものですから，
民法等での議論とは目的・内容は違います。

会社が得た利益は株主に分配されます（会社法105①一）。これによれば会社
の利益は株主のものということになります。しかし，会社を株主から独立した
一つの存在として捉えれば，会社の利益は会社のものということにもなります。
このように法人の所得を個人株主のものとみる考え方を法人擬制説といい，法
人固有の所得とみる考え方を法人実在説とよびます。

③   法人擬制説と法人実在説

法人擬制説とは，法人の所得は個人株主の所得だとするものです。そして，
この法人の所得を法人のものではなく個人株主のものだと捉えるならば，法人
税とは個人株主が負担する所得税を，法人が前もって払っているということに
もなります。しかし，法人税を所得税の前払い的性格のものとすると，法人に
は法人税が課され，さらに個人株主には所得税が課されるため二重課税という
問題がでてきます。そこで個人株主の所得税計算において，配当控除（所税法
92）として，また法人株主の場合，法人が受けた配当金を益金に算入しない方
法により対応しています。これを「受取配当等の益金不算入」（法税法23）と
いいます。すなわち，配当金を受けた法人がさらに配当金を支払い，これが繰
り返されるとこの二重課税調整はとても複雑になってしまいます。ですから法
人株主の場合，配当金を受けた段階で，この配当金を課税対象から外すといっ
たシンプルな仕組みとしているのです。さらに所得税の前払いとして調整すべ
き法人税もできるだけ単純な比例税率が良いということになるのです。

　法人実在説とは，法人の所得はその法人固有の所得だとする考え方です。この場合，法人税は個人株主の所得税とは全く別のものということになります。ですから二重課税の調整はいらないことになり，税率も比例税率にする必要もなく超過累進税率でもよいということになります。

　近年，この擬制説と実在説の対立はあまり重視されていません。法人税制は，どちらか一つの論理で説明できるものではないということからです。しかし戦後税制の基礎となったシャウプ勧告以来，擬制説的な法人税制となっています。最近，大企業において，稼いだ金をため込むといった**内部留保**が話題となっています。擬制説的思考によれば，稼いだ金は個人株主へ回るはずです。また現状，個人株主は減少し，むしろ法人の株主は法人へと株主構成は変容しています。そしてこの株主構成の変容が，法人とは，個人株主の集合体ではなく，社会的に一つの存在であることを明らかにしたようです。そうだとすると，この法人の所得は個人株主のものとする擬制説的思考による法人税制とは，二重課税排除による法人税の軽課・優遇税制ということにもなります。さらにいえば大企業の多くは，**所有と経営が分離**しています。株主と法人は別ということです。

　このようにみてくると一般論として，大企業の場合，法人実在説的な法人税制が妥当であり，中小企業の場合，その中小企業そのものがオーナー株主と一体として存在している実態から法人擬制説的法人税制が妥当となりそうです。

(2)　法人税の納税義務者

①　内国法人と外国法人

　法人税法は，内国法人と外国法人とに分けてその納税義務の範囲を規定します。**内国法人**とは，日本国内に本店または主たる事務所を有する法人をいい（法税法2三），**外国法人**とは，内国法人以外の法人のことをいいます（法税法2四）。

　内国法人は，日本国内外を問わず，すべての所得（**全世界所得**）が，わが国での課税対象とされます（**無制限納税義務者**）（法税法4①）。そして外国法人では，日本国内で得た所得（**国内源泉所得**）だけが同様に課税対象とされるのです（**制限納税義務者**）（法税法4③）。

【内国法人の分類と課税範囲】

分　類	課　税　範　囲	例　示
公共法人	非課税（法税法4②）	地方公共団体，NHKなど（法税法2五，別表第一）
公益法人等	収益事業から得た所得だけに低率課税（法税法4・7・66）	公益財団法人，公益社団法人，宗教法人など（法税法2六，別表第二）
協同組合等*	全世界所得に対し原則普通税率課税（法税法5・66）	農業協同組合，漁業協同組合，信用金庫など（法税法2七，別表第三）
人格のない社団等	収益事業から得た所得だけに普通税率課税（法税法4・7・66）	PTA，町内会，同窓会など（法税法2八）
普通法人	全世界所得に対し普通税率課税（法税法5・66）	上記以外の法人（法税法2九）
NPO法人	収益事業から得た所得だけに普通税率課税（NPO法70①）	国境なき医師団日本など

＊外国法人の協同組合等は，普通法人に属するため存在しません。

②　公益法人課税

　学校法人・宗教法人・社会福祉法人などといった公益法人は，原則として法人税は非課税とされます。ただし，**収益事業**を営んでいる場合には，この収益事業から生じた所得に対してのみ課税されます。法人税法は，その納税義務者を，すべての所得を対象とする法人とこの公益法人などのように収益事業のみを対象とする法人とにも区分しています。

　また収益事業とは，以下の34の事業（限定列挙）で，継続して事業場を設けて行われるものをいいます（法税法2十三，法税令5①）。

【法人税法において収益事業とされる34業種】

①	物品販売業	②	不動産販売業	③	金銭貸付業	④	物品貸付業
⑤	不動産貸付業	⑥	製造業	⑦	通信業	⑧	運送業
⑨	倉庫業	⑩	請負業	⑪	印刷業	⑫	出版業
⑬	写真業	⑭	席貸業	⑮	旅館業	⑯	料理飲食業
⑰	斡旋業	⑱	代理業	⑲	仲立業	⑳	問屋業
㉑	鉱業	㉒	土石採取業	㉓	浴場業	㉔	理容業
㉕	美容業	㉖	興行業	㉗	遊技所業	㉘	遊覧所業
㉙	医療保健業	㉚	技芸教授業	㉛	駐車場業	㉜	信用保証業
㉝	無体財産権の提供業	㉞	労働者派遣業				

　ただし，公益社団法人・公益財団法人の営む事業が，「公益社団法人及び公益財団法人の認定等に関する法律」に規定する公益目的事業に該当する場合，その事業はこの34種類の事業に含みません（法税令5②）。つまり，公益社団法人・公益財団法人の営む事業が，公益目的事業に該当すると，その事業が34種類の収益事業に該当しても，法人税はかからないということです。

　しかし，条文を読んだだけでは，収益事業となるかどうかは容易に判断することができません。例えば，宗教法人が人の葬祭とペットの葬祭を行っていた場合について争われた事件がありました。そこでは人の葬祭は喜捨等として支払われていましたが，ペットの場合には料金表により一定の金額が定められていました。この事件では，料金表による金銭を受け取っていたことから，ペットの葬祭を請負業，お墓の管理代などは倉庫業として収益事業と判断されました（最判平成20.9.12判時2022号11頁）。このように収益事業の判断は容易ではありません。このため収益事業の範囲について，通達が多数制定されているのです（法税基通15-1-1〜15-1-72）。租税法律主義の観点から問題の残るところです。

③　公益法人課税の経緯

　公益法人とは，法人税法2条6号で，「別表第二」に掲げる法人とされています。そこでは学校法人・宗教法人・社会福祉法人などがあげられています。

　公益法人は，1950（昭和25）年まで非課税とされていました。しかし，公益法人非課税を利用したいわゆる税逃れが横行していたことから，原則として非課税，ただし収益事業には課税へと改正されたのです。これは本来の公益事業

に課税するものではありません。公益事業ではない収益事業に対する非課税措置の濫用を防止するため，収益事業に限定して課税するのです。また，例えば，公益法人が物品販売業を営むと非課税，民間企業は課税では不公平です。このように公益法人が民間企業と競合する場合に，イコール・フッティング（民間企業との競争条件の平等化）の観点から収益事業の範囲は拡大し，課税の方向へと進んでいます。

　ではなぜ公益法人の本来事業は非課税なのでしょうか。公益法人は公益を目的に設立され，営利を目的としていないからです。公益活動とは，本来，国等が行う事業です。公益法人は，国等に代わり公益活動を行っているため，国等では本来支出すべき歳出が削減されます。ですからこのような法人には，課税するよりも積極的に公益活動を後押しして，歳出の削減に努めるべきです。非課税とは，公益法人に向けた税制を通じた一種の対価であるという理由によるのです。

　もう一つの理由は，法人税の本質に関係することです。法人税法は，法人擬制説的思考のもと，法人の利益は株主のものであり，株主が負担する個人所得税の前払い的性格として構成されています。宗教法人を含む公益法人は，かつて「営利を目的としない」法人として許可されていました（旧民法34）。それが2006（平成18）年に，公益社団法人・公益財団法人は，公益認定委員会の公益認定を受けた法人と改正されました。そしてこの「公益認定の基準」では，公益社団法人・公益財団法人は，「公益目的事業を行うことを主たる目的」とし，「社員，評議員，理事，監事，使用人その他法人の関係者に対し特別の利益を与えない」法人でなければならないとされています（公益社団法人及び公益財団法人の認定等に関する法律5①一・三）。つまり，公益法人の場合，利益を得てもそれを関係者に分配してはならないのです。営利法人の場合は，獲得した利益を株主へ分配することを前提に法人税が課税されるのでした。それゆえ法人税は，所得税の前払い的性格のものなのです。公益法人の場合，利益が分配されることもなく，個人所得税の前払いとして法人税を課税する必要もないのです。それゆえ法人税の課税対象から除かれているのです。

④　組織再編税制・連結納税制度・グループ法人税制そしてグループ通算制度

　わが国の国際競争への対応に向けて，会社法では，「組織変更，合併，会社分割，株式交換及び株式移転」について整備しました（会社法743条以下）。このような会社法の改正を受けて法人税制も大きく変容し続けています。2001（平成13）年には，一定の要件を満たす組織再編成については時価で課税せず，簿価を引き継ぐことを認め，実際に譲渡するまで課税を繰り延べる**組織再編税制**が導入されました（法税法62以下）。2002（平成14）年には連結納税制度が導入されました（旧法税法81以下）。法人税は単体法人ごとの課税が原則です。しかしこれでは，設立当初，赤字になる新規事業は，子会社を作るよりも自社の一部門で行った方が有利となります。企業グループ化に対応した税制の必要性が要請されます。**連結納税制度**とは，100％子会社であるなどの一定の要件を満たすグループ企業間の所得を合算（通算）し，実質的に一つの法人とみることができる企業グループを，一つの課税単位として課税する制度です。課税単位のあり方に大きな影響を与えることになります。2010（平成22）年には**グループ法人税制**が導入されました。これは，会社の規模に関係なく100％完全支配関係にある法人どうしを一体とみて課税を行うものです。企業グループ内での譲渡損益の繰延べなどを可能とします。連結納税制度では子会社の資産の時価評価が強制されます。このため連結納税を選択しない企業グループが多いことから，連結納税を採用した企業グループとそうでない企業グループでは，企業グループ内での譲渡損益の取扱いが異なることになります。これを同じように取り扱うための制度です。

　なお，2020（令和2）年度の税制改正により，連結納税制度は廃止され2022（令和4）年から**グループ通算制度**へと移行しました。これまで連結納税制度については，その事務の煩雑さなどが問題視されてきました。そこで企業グループ間での損益通算を可能とするといった連結納税制度の基本的な枠組みは維持したまま，連結納税制度はグループ通算制度へと移行したのです（法税法64の5以下）。

第**18**話

法人税の計算構造

(1) 各事業年度の所得の金額の計算の通則

まずは法人税法の条文を確認してみます。

> **法人税法22条** 内国法人の各事業年度の所得の金額は，当該事業年度の益金の額から当該事業年度の損金の額を控除した金額とする。
> 2 内国法人の各事業年度の所得の金額の計算上当該事業年度の益金の額に算入すべき金額は，別段の定めがあるものを除き，資産の販売，有償又は無償による資産の譲渡又は役務の提供，無償による資産の譲受けその他の取引で資本等取引以外のものに係る当該事業年度の収益の額とする。
> 3 内国法人の各事業年度の所得の金額の計算上当該事業年度の損金の額に算入すべき金額は，別段の定めがあるものを除き，次に掲げる額とする。
> 一 当該事業年度の収益に係る売上原価，完成工事原価その他これらに準ずる原価の額
> 二 前号に掲げるもののほか，当該事業年度の販売費，一般管理費その他の費用（償却費以外の費用で当該事業年度終了の日までに債務の確定しないものを除く。）の額
> 三 当該事業年度の損失の額で資本等取引以外の取引に係るもの
> 4 第二項に規定する当該事業年度の収益の額及び前項各号に掲げる額は，別段の定めがあるものを除き，一般に公正妥当と認められる会計処理の基準に従つて計算されるものとする。
> 5 第二項又は第三項に規定する資本等取引とは，法人の資本金等の額の増加又は減少を生ずる取引並びに法人が行う利益又は剰余金の分配（…略…）及び残余財産の分配又は引渡しをいう。

　法人税は，その法人の各事業年度の所得の金額に課税します（法税法21）。なお**各事業年度の所得の金額**とは，その事業年度の益金の額から損金の額を控除した金額のことです（法税法22①）。

　では**益金**とは何をいうのでしょうか。法人税法22条２項はその範囲を示します。そこではまず原則として，益金の額は**その事業年度の収益の額**とします。ただし，①**別段の定めがあるもの**，②**資本等取引**は除かれます。さらに同項では，この収益が発生する場面を確認します。すなわち①資産の販売，②有償による資産の譲渡，③無償による資産の譲渡，④有償による役務の提供，⑤無償による役務の提供，そして⑥無償による資産の譲受け，の６つです。有償によるものはもとより「⑥無償による資産の譲受け」は理解しやすのですが，「③無償による資産の譲渡」，「⑤無償による役務の提供」の場合にも収益は発生するのです。

　次に**損金**とは何をいうのでしょうか。これは３項です。ここでは具体的にその事業年度の①**原価の額**，②**販売費，一般管理費その他の費用の額**，③**損失の額**の合計額といいます。ただし，ここでも①**別段の定めがあるもの**と，損失の額のうち②**資本等取引**は除かれます。

　ここでは収益・原価・販売費，一般管理費・損失という用語が出てきました。これらはいずれも企業会計の用語です。そしてこれらはそれぞれ，**一般に公正妥当と認められる会計処理の基準**によって計算されるのです（法税法22④）。

　ここまでをまとめますと，各事業年度の所得の金額とは益金マイナス損金として計算する。益金は原則として企業会計で計算した収益の額である。損金とはやはり原則として企業会計で計算した原価・販売費，一般管理費および損失の額の合計額である。ただし，①別段の定めがあるもの，②資本等取引は除くということになります。

(2)　資本等取引

　資本等取引は益金にも損金にも含めません。ではこの資本等取引とは何をいうのでしょうか。**資本等取引**とは，①法人の資本金等の額の増加または減少を生ずる取引，②法人が行う利益または剰余金の分配，および③残余財産の分配または引渡しの３つです（法税法22⑤）。まず①は，法人が株主等からその事業の元手となる資金を調達する取引にすぎません。法人はこれを事業に投入し，営利追求活動（損益取引）を行うのです。②の「利益または剰余金の分配」で

すが,これらは税額を差し引いた残りの利益を株主等へ分配することです。最後の③の「残余財産の分配」とは,法人の清算により最終的に残った財産を株主等へ分配することです。つまり,いずれもその法人と株主等との取引であり,そこからは損益は生じないことから,各事業年度の所得の計算からは除かれるのです。

(3)　一般に公正妥当と認められる会計処理の基準

　「一般に公正妥当と認められる会計処理の基準」とは何でしょうか。これを考えるには,「企業会計」とは何かを確認する必要があります。企業会計とは,企業活動を記録し,定期的に決算を行って利益を計算し,その計算結果を決算書にまとめ,株主や債権者等の利害関係者に報告するという一連の活動といえます。そして企業会計の目的は,利害関係者に対し,この計算結果である決算書において**財政状態(貸借対照表(B/S))・経営成績(損益計算書(P/L))**などを報告することです。なおこの目的を達成するためには,その会計処理の方法がバラバラでは,比較検討できないため各企業共通のルールが必要となります。この共通のルールには**企業会計原則**などの公表された会計原則があるのです。そして,この公表された会計原則などを**一般に公正妥当と認められる会計処理の基準**というのです(例えば,神戸地判平成14.9.12訟月50巻3号1096頁)。

　益金は原則として,一般に公正妥当と認められる会計処理の基準にしたがった企業会計で計算した収益の額でした。損金も同様に,原則として企業会計で計算した原価・販売費,一般管理費および損失の額の合計額でした。企業会計では,収益の額からこれら原価などの合計額を控除した金額を**当期純利益**といいます。ですから法人税法における各事業年度の所得とは,原則として,この企業会計により計算された当期純利益の額ということになるのです。

(4)　別段の定めと法人税法

　法人税法における各事業年度の所得は,原則として,企業会計で計算された当期純利益です。ただし原則に対しては必ず例外があります。法人税法ではこ

の例外が重要であり，この例外が別段の定めなのです。

　そもそも企業会計は，利害関係者に対し，財政状態と経営成績を報告することをその目的としています。しかし法人税法の目的は，各法人の適法な課税所得を算出し，公平な課税を実現することにあります（法税法1）。このように両者の目的は異なります。ですから企業会計の当期純利益の額をそのまま，法人税法における各事業年度の所得の金額とするわけにはいかないのです。この当期純利益を基に各事業年度の所得の金額を算出するには，何らかの調整が必要となります。そしてこの調整のためのルールが**別段の定め**なのです。

　つまり，企業会計に基づいて計算された当期純利益の額を，法人税法は，法人税法の目的に合致するように，別段の定めにより修正しているのです。ですから法人税法とは，この企業会計を修正する項目だけで構成されるのです。なお，代表的な別段の定めとしては，「受取配当等の益金不算入（法税法23）」，「役員給与の損金不算入（法税法34）」，「過大な使用人給与の損金不算入（法税法36）」，「寄附金の損金不算入（法税法37）」，「交際費等の損金不算入（措置法61の4）」などがあります。

(5)　無償取引と益金

　法人税法22条2項は，無償取引においても収益が発生することを確認します。具体的には，前記(1)「③無償による資産の譲渡」，「⑤無償による役務の提供」です。

①　無償譲渡

　本来，収益というには外部からの経済的価値の流入が必要であり，無償取引の場合，この経済的価値の流入がないことから収益とはならないはずです。しかし法人税法は，無償譲渡の場合にも時価相当の収益が認識されるというのです。その理由についてはいくつかの学説があります。その代表的なものに適正所得算出説とよばれるものがあります。これは法人税法22条2項が，「正常な対価で取引を行った者との間の公平を維持するために，無償取引からも収益は生ずることを擬制した創設的な規定」とする見解です（宮崎地判平成5.9.17民集

49巻10号3139頁，東京高判平成20.2.20税資258号順号10898など）。ほかにも清算課税説と呼ばれるものもあります。この考え方は，無償で譲渡した場合でも，その資産の保有期間に値上がり益（キャピタル・ゲイン）が存在していれば，資産の譲渡のタイミングでその値上がり益に対する課税を法人税法22条2項は予定しているとする見解です。これは所得税法における譲渡所得課税（所税法59）と同じ立場から説明するものです。このようにこの無償譲渡については様々な見解があります。これは法人税法に，この所得税法59条のような規定がないことに由来します。立法的な手当てが必要です。

　次にこの無償譲渡を，企業会計と法人税法の立場から，それぞれ簿記仕訳によりみてみます。

　帳簿価額400万円，時価1,000万円の土地をA社がB社に無償譲渡した場合

・B社（無償による資産の譲受け）…企業会計も法人税法も同じ

| | | （借方）土地 | 1,000万円 | （貸方）受贈益**（収益）** | 1,000万円 |

・A社

企業会計	（借方）譲渡損**（損失）**	400万円	（貸方）土地	400万円
法人税	（借方）譲渡損**（損失）**	400万円	（貸方）土地	400万円
	（借方）寄附金**（費用）**	1,000万円	（貸方）譲渡益**（収益）**	1,000万円

　企業会計では400万円の損失が計上されます。法人税法では，さらに1,000万円の収益と1,000万円の費用が同時に計上されます。ですから法人税でも400万円の損失となり，結果は同じです。ただし，法人税法には別段の定めとして，「寄附金の損金不算入」（法税法37①）があるのです。この規定は，法人が支出した寄附金の額のうち，一定額については損金に算入しない旨（**損金不算入**）を定めています。つまり，その限度額を超えた部分は所得として課税対象となるのです。法人税では，企業会計と異なりこの寄附金を認識しなければなりません。

②　無償の役務提供

　無償の役務提供とは一体どのような場合をいうのでしょうか。その代表的な例として「無利息融資」があげられます。法人税法は，これも無償譲渡と同様に，通常の融資であれば受け取れる利息相当分の収益が発生したと認識します

（例えば，大阪高判昭和53.3.30判時925号51頁）。

　これについても通常受け取るべき利息を1,000円として，簿記仕訳により確認してみます。

・A社（受け取るべき利息1,000円を受け取らなかった）

　企業会計　仕訳なし　金銭の授受がないため。よって損益ゼロです。

　法人税　（借方）寄附金(**費用**)　1,000円　　（貸方）受取利息(**収益**)　1,000円

　法人税においても，費用1,000円と収益1,000円が同時に計上されていることから，損益ゼロです。ただし，寄附金が発生します。

・B社（支払うべき利息1,000円を支払わなかった）

　企業会計　仕訳なし　金銭の授受がないため。よって損益ゼロです。

　法人税　（借方）支払利息(**費用**)　1,000円　（貸方）債務免除益(**収益**)　1,000円

　実は，B社のケースを，法人税法22条2項は具体的例示としてあげていません。このケースの場合，本来法人税法でも「仕訳なし」となるのですが，あえて仕訳するならば上記のようになります。この場合も費用1,000円と収益1,000円が同時に計上されることから，損益はゼロとなるため法人税法は例示としてあげていないのです。

(6)　法人税法22条の2の新設

　このように法人税法は企業会計を基礎とします。しかし，近年この企業会計の分野も大きく変容しており，いくつもの会計基準が開発されてきました。特に2018（平成30）年3月に公表された「収益認識に関する会計基準」（企業会計基準第29号），「収益認識に関する会計基準の適用指針」（企業会計基準適用指針第30号）は，これまでの法人税実務とは相反するものでした。そのため，2018（平成30）年度税制改正において法人税法22条の2を新たに規定しました。そこでは法人税法上，収益の額として益金の額に算入する金額やその時期等といった通則的な規定が設けられました。この規定の新設により**引渡基準**など，法人税基本通達に規定されていたこれまでの法人税実務の内容が法定化されたのです。

3 相続税法

第19話

相続税の根拠と課税方式

(1) 相続税の機能と課税方式

相続税とは，人の死亡により財産が移転するのを契機に，その相続財産を取得した者に対して，その財産の価額に担税力を見出し課される租税ということができます。民法896条は「相続の一般的効力」として，「相続人は，相続開始の時から，被相続人の財産に属した一切の権利義務を承継する…」と規定します。この規定からするとこの移転とは法定相続が原則のようです。しかし相続税法は，**遺贈**および**死因贈与**も課税原因に含めています（なお死因贈与とは，贈与者の死亡を条件とした贈与ですが，人の死亡を原因として財産を取得する点で相続・遺贈と同じであることから，相続税が課税されます〔相税法1の3①〕）。

　そしてこの相続税には，一般的には2つの機能があるとされています。1つは**所得税の補完機能**です。これは相続開始の時点で，その個人の生涯所得に対する所得税を清算しようというものです。個人が大きな財産を残せたのは，税制上のいろいろな特典を利用できたことや，所得税における課税が不完全であることに原因があるのかも知れません。そこで相続税を課すことにより，この所得税の不完全な部分などを補完しようとするものです。もう1つが**富の集中抑制機能**と呼ばれるものです。これは，個人は経済的に機会均等であることが望ましく，特定の個人に集中した富は社会に還元し，再分配するべきであるとするものです。そして相続税の機能を所得税の補完機能とみれば，相続税の課

税方式は遺産課税方式が，富の集中抑制機能とみれば遺産取得課税方式がという
ことになります。

⑵　遺産課税方式・遺産取得課税方式とわが国の場合

　相続税の課税方式には，遺産課税方式と遺産取得課税方式の２つの考え方が
あります。**遺産課税方式**とは，被相続人の遺産総額に課税するものです。これ
により相続税が，被相続人の所得税を補完するものとなるのです。また，意図
的な遺産分割による租税の回避を防止しやすい，遺産分割のいかんに関わらず
遺産総額により相続税額が決まるため，税務執行が容易という特徴があります。
アメリカ・イギリスで採用されています。ただし，これは被相続人の死亡を
きっかけに，被相続人の過去の所得に遡及して課税することと変わりがなく，
租税回避や脱税などがあったことを前提としているという批判もあるところで
す。そして**遺産取得課税方式**とは，それぞれの相続人等が取得した遺産額に応
じて課税するものです。各相続人等が取得した財産の価額に応じて，それぞれ
超過累進税率を適用することにより，富の集中化の抑制に貢献ができ，相続人
等の間で取得した財産の額に応じた租税負担の公平を図ることができます。ド
イツ・フランスをはじめOECD諸国で採用されています。

　ではわが国の相続税はどちらなのでしょうか。わが国の場合，1905（明治
38）年の相続税法創設以来，遺産課税方式が採用されてきました。その後，
1950（昭和25）年のシャウプ勧告を受けて遺産取得課税方式へと移行しました。
しかし，「相続税制度改正に関する税制特別調査会答申」（昭和32年12月）で，
「遺産を分割することを前提とした現行の相続税制度のもとでは遺産を分割す
ることが困難な農業用資産や中小企業用資産その他の資産を相続した場合には，
その財産が分割困難なため，単独又は少数の相続人によって相続されることと
相まって，その負担は相対的に重いものとなっている」などの問題点の指摘が
あり，1958（昭和33）年改正で，遺産取得課税方式を基本に遺産課税方式を加
味した日本独自の方式に変更されました。そしてこれを**法定相続分課税方式**と
呼んでいます。この方式によると，各相続人の相続税額の計算は，遺産額と相
続人の数による**相続税の総額**（相税法16）の計算が必要になるといった欠点が

あります。具体的には，相続人Ａが，①遺産の総額が10億円ありながらも３千万円しか相続しなかった場合，②同様に１億５千万円で３千万円相続した場合，いずれもＡは３千万円相続したにもかかわらず，相続税額が違ってくるということです。また相続税申告後，新たな相続財産が見つかり，Ａ以外の相続人がこれを相続したとしてもＡの相続税額はその分増加してしまうのです。

【遺産課税方式と遺産取得課税方式（配偶者と子２人の場合）】

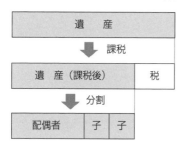

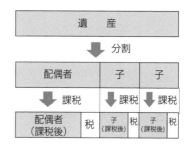

(3)　贈与税とその機能

実はわが国の税法に贈与税法という名の法律はありません。贈与税は相続税法に規定されています。なお**贈与税**とは，個人からの贈与により財産を取得した者に対して，その贈与財産の価額に担税力を見出し課される租税ということができます。

本来，相続または遺贈（死因贈与を含みます）により財産を取得した場合には相続税が課税されます。しかし，被相続人が生前に，相続人となるべき配偶者や子供などに財産を贈与してしまった場合には相続財産がないことから，相続税を課税することができないなどの事態が生じてしまいます。つまり，生前に贈与して財産を分散した場合，それをしなかった場合に比べ，相続税負担に著しい不公平が生じることになるのです。

ですから生前の贈与による取得財産には贈与税を課税することとし，さらに贈与税は相続税に比べて**課税最低限（基礎控除）**を低く設定し（相税法15・21

の5），税率の累進構造も相続税のそれに比べて高くしています（相税法16・21の7，措置法70の2の5）。つまり相続税の立場からすれば，生前贈与はあまり好ましくないとする考え方があるのです。したがって贈与税とは，相続税を補完するためのものなのです（**相続税の補完税**）。それゆえ相続税と贈与税は，別個の税目であるにもかかわらず，いずれも相続税法に規定されているのです。

　贈与税は相続税の補完税です。そのため贈与税の課税方式は，相続税の課税方式に準じて決まることになります。ですから贈与財産に課税する方式と贈与を受けた者に課税する方式が考えられたとしても，相続税が遺産取得課税的な方式を採用していることから，贈与税も贈与を受けた者に課税する**受贈者課税方式**が採られています。

(4)　贈与税の概要

　贈与税は，一年間（暦年によります）に贈与によって取得した財産に対して課税されるものです。これを**暦年課税**といいます。ただし，**非課税財産**として贈与税の課税対象から除外されるものもあります（相税法21の3）。例えば，法人からの贈与により取得した財産，扶養義務者相互間でなされた生活費・教育費に充てるための贈与財産や公益を目的とする事業を行う者が取得した贈与財産などがこれにあたります。また，これとは別に**みなし贈与財産**というものがあります。法律的には贈与により取得したものではないが，実質的に贈与により取得した財産と同様の経済的効果をもつもののことです。課税の公平の立場から課税対象としているのです。たとえば生命保険金等がこれに当たります（相税法5～9の5）。また財産の名義変更により贈与があったと取り扱われる場合や，低額譲受・債務免除などといった実質的に贈与により取得したとみなされる場合も含まれます。このようにみなし贈与には，様々なケースがあるため実務的にはこのみなし贈与財産は重要となります（相税法5，6，7，9～9の5）。

　贈与税の計算は，**本来の贈与財産**にこのみなし贈与財産を加えた**課税価格**から**基礎控除**を控除します。この基礎控除は年間110万円（措置法70の2の4）です。また**配偶者控除**を利用することもできます（相税法21の6）。これは，婚姻

期間が20年以上の配偶者から，居住用不動産またはその取得資金の贈与を受けた場合などに2,000万円まで控除される制度です。そして，この課税価格から基礎控除と配偶者控除を控除した後の残額に税率（**超過累進税率**）を適用します。さらにここで計算した贈与税額から，外国にある贈与財産について，その国で課された租税がある場合にはその税額が控除されます（相税法21の8）。このようにして贈与税額は計算されるのです。なお，**直系尊属から住宅取得等資金の贈与を受けた場合の贈与税の非課税**といった特例（措置法70の2）などもあります。

(5)　相続時精算課税制度

　贈与税の課税方法には，この暦年課税のほか，相続時精算課税というものもあります。この**相続時精算課税制度**（相税法21の9）ですが，これは高齢化問題に対応するためにできた制度です。生前贈与を促すため，すなわち相続よりも早い段階で資産を次の世代へと移転されることを期待しての制度です。具体的には，一定年齢以上の親から推定相続人である子などへ贈与する場合，その贈与財産については高額な控除額（累積2,500万円）と低い税率（一律20％）を適用し，贈与税負担を軽くし贈与を促すのです。その後，実際に親の相続が発生した場合，この制度による贈与財産も相続税の課税対象とし相続税を計算し，親の生前に納めた贈与税額はこの段階で控除するなどにより調整しようとするものです。

　なお，「暦年課税」によるか，「相続時精算課税」とするかは受贈者が選択できます（相税法21の9②）。ただし，「相続時精算課税」を一度選択すると，相続時まで継続して適用しなければなりません（相税法21の9⑥）。

　このほかにもいわゆる贈与促進税制として，**直系尊属からの教育資金**（措置法70の2の2）や**結婚・子育て資金**（措置法70の2の3）**の一括贈与を受けた場合の贈与税の非課税**といった特例があります。

⑹　個人の無償取得と法人の無償取得

　例えば，A（個人）が時価5億円（取得費2億円）の土地をB（個人）に贈与した場合を考えてみます。この場合のBに贈与税が課税されることは確認しました。ではAはどうなるのでしょうか。譲渡所得が課税されるようにも思います。しかし，3億円（5億円－2億円）に対する譲渡所得税はここでは課税されません。BがAの取得費を引き継ぐ方法により課税の繰延べがなされます（所税法60①一）。具体的には，その後Bがこの土地を例えば7億円で譲渡する際に，Bは，Aの保有期間の値上がり益3億円と自らの保有期間の値上がり益2億円（7億円－5億円）の両方に対して，譲渡所得課税がなされるのです。これはAからBへの贈与の際，Bに贈与税が，同時にAに譲渡所得税では納税者の理解が得られないことなどの理由による措置です（**個人→個人**）。

　ではBが法人の場合はどうなるのでしょうか（**個人→法人**）。受取った法人にはそもそも相続という概念は生じません。相続とは，被相続人（自然人）の相続開始をきっかけに，相続人（自然人）への財産移転を前提としているからです。そして相続税法も原則としてこれに従っています。また，贈与税は相続税の補完税です。ですから自然人ではない法人には原則として相続税・贈与税といった概念は生じないのです。したがって法人Bはこの財産を時価で受け入れ法人税が課税されることになります（法税法22②，最判平成7.12.19民集49巻10号3121頁）。贈与した個人Aですが，法人Bが時価でこの土地を受け入れていることから，個人から個人への場合のような課税の繰延べ，つまり値上がり分をまとめて課税できません。この場合，Aの値上がり益3億円（5億円－2億円）の譲渡があったものとみなされ，この時点で課税されます。これを**みなし譲渡**（所税法59①一）といいます（**第14話**参照）。ただし国または地方公共団体，および公益法人等に対する贈与・遺贈で一定のものについては政策的な理由から，その財産の贈与・遺贈はなかったものとみなされます（措置法40・40の2）。したがって，みなし譲渡課税は行われません。

　次にAが法人，Bが個人の場合です（**法人→個人**）。この場合，法人Aは無償による資産の譲渡ですから法人税が課税されます（法税法22②）。一方の個人Bですが，相手側の法人には相続という概念がないことから，原則に立ち返り

所得税（一時所得等）が課税されるのです。

　最後に法人から法人への場合です（**法人→法人**）。この場合，両者とも法人税が課されます（法税法22②）（**第18話**参照）。

(7)　納税義務者と納税義務の範囲

　相続税の納税義務者は，原則として，相続または遺贈（死因贈与を含みます）により財産を取得した個人と被相続人からの贈与について相続時精算課税制度の適用を受けた個人です（相税法1の3）。贈与税の納税義務者は，贈与により財産を取得した個人（相税法1の4）です。なお，**納税義務者**は，財産取得の時の住所，日本国籍の有無などにより，**居住無制限納税義務者**，**非居住無制限納税義務者**，**居住制限納税義務者**および**非居住制限納税義務者**に分かれます。そしてこの区分により納税義務の範囲が異なってくるのです（相税法2・2の2）。つまり，居住無制限納税義務者・非居住無制限納税義務者は，「無制限」ですから，取得財産の全部について相続税または贈与税が課税されますが（相税法2①・2の2①），また，居住制限納税義務者・非居住制限納税義務者は，「制限」とありますので，その取得財産のうち日本国内にあるものに対してのみ相続税または贈与税が課税されるのです（相税法2②・2の2②）（**第9話**参照）。

第**20**話

相続税の計算構造

(1) 相続税の計算構造

　わが国の相続税法は法定相続分課税方式によっています。そのため，相続税額を計算するためには，次のように4つの段階の計算が必要となります。

【相続税額計算のための4つの段階】

・第1段階 … 課税価格の計算
・第2段階 … 相続税の総額の計算
・第3段階 … 各人の算出税額の計算
・第4段階 … 各人の納付税額の計算

① 第1段階　課税価格の計算

　相続または遺贈（死因贈与を含みます）により財産を取得した者についての課税価格（各人の課税価格）をそれぞれ計算します。その後，各人の課税価格を合計して，同一の被相続人からこの相続等により財産を取得したすべての者の相続税の課税価格の合計額を計算します。

　課税価格の計算は，本来の財産から非課税財産を除き，みなし相続財産と相続開始前3年以内になされた贈与財産を加算します（相税法19）。この贈与財産の加算は民法の**特別受益**（民法903）とは異なります。3年以内に限定されていますが，3年以内であればすべて加算対象となるのです。この加算後の価格から被相続人の債務を控除します。そして，この控除後の金額が**課税価格**の金額となるのです。

　非課税財産には，具体的に墓所，霊びょうおよび祭具や，生命保険金等のう

ち一定の金額などがあります。国民感情への配慮・政策的な観点から非課税とされています（相税法12）。

　また贈与税でもみましたが，相続税にも**みなし相続財産**があります（相税法3・4・7〜9の4）。法律的には相続により取得したものではないが，実質的に相続により取得した財産と同様の経済的効果をもつもののことです。課税の公平の立場から課税対象としています（最判平成22.7.6判タ1324号78頁）。たとえば生命保険金等がこれに当たります。そして被相続人の債務と葬式費用が**債務控除**として控除されます（相税法13・14）。

　なお，課税価格の計算の特例として，**小規模宅地等についての相続税の課税価格の計算の特例**（措置法69の4）などがあります。

② 第2段階　相続税の総額の計算

　課税価格の合計額から**遺産に係る基礎控除**（相税法15）を控除した残額（「**課税遺産総額**」といいます）を基に相続税の総額を計算します。

　遺産に係る基礎控除ですが，これは各相続人の課税価格から控除しません。すべての者の課税価格の合計額から控除します。これは相続税法が遺産税的要素と含んでいることによるものです。そして相続税の総額の計算ですが，まず，課税遺産総額を各相続人が法定相続分により相続したものと仮定し計算します。そしてこの法定相続分に基づく各相続人の仮の取得金額にそれぞれ税率（相税法16）を適用して計算した額を求めます。この求めたそれぞれの金額の合計額が**相続税の総額**（相税法16）となるのです。税率は**超過累進税率**が採用されています。このような法定相続分による仮定計算を行うことから，わが国の相続税法は，法定相続分課税方式と呼ばれるのです。そして，このような計算をすることにより，たとえば長男が単独で相続した場合でも，それ以外でも相続税の総額は変わりません。単独相続の場合でも負担が相対的に重くならないよう配慮がなされているのです。

③ 第3段階　各人の算出税額の計算

　相続税の総額を，各人が実際に取得した財産の額（割合）に応じ配分し，**各人の算出税額**を計算します。

④　第４段階　各人の納付税額の計算

　各人の算出税額計算は，被相続人の一親等の血族および配偶者以外の者の場合，算出税額にその２割相当額を加算した金額をもってその者の納付すべき相続税額とされます（相税法18）。さらに相続人が配偶者である場合，未成年である場合などには，一定の税額控除がなされます（相税法19の２～20の２）。

【相続税の計算構造のイメージ】

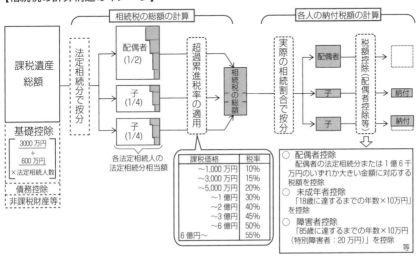

＊財務省webサイトhttps://www.mof.go.jp/tax_policy/summary/property/e01.htmを一部加筆

(2)　財産評価と時価

　相続税の課税対象は，相続または遺贈（死因贈与を含みます）により取得した財産の価額です（相税法11の２）。また贈与税は，贈与により取得した財産の価額です（相税法21の２）。ですから相続税・贈与税の計算では，この財産の価額が重要となります。ただし，相続税法は，「評価の原則」として，**財産の取得の時における時価**（相税法22）と規定するに留まり，具体的には，「地上権及び永小作権の評価」（相税法23），「配偶者居住権の評価」（相税法23の２），「定期金に関する権利の評価」（相税法24・25），および「立木の評価」（相税法26）についての評価方法を規定するにすぎません（**法定評価**）。それゆえ実務では，これら以外の財産の価額（財産評価）は**財産評価基本通達**に基づき計算がなさ

れています。納税者にとって，一番気になるのが納税額です。その納税額の計算で最も重要なのがこの財産評価のはずです。それが通達により計算されることは租税法律主義の観点から問題です。例えばドイツの場合，「評価法」により財産評価が定められています。しかし，判例はこれを租税法律主義違反とはしていません（最判昭和49.6.28税資75号1123頁ほか）。

　なお相続税法が予定する**時価**とは，「不特定多数の独立した当事者間の自由な取引において通常成立すると認められる価額」（例えば大阪高判平成10.4.14判時1674号40頁）のことです。そして「財産の取得の時」，すなわち**課税時期**とは，相続税では相続開始の時（被相続人の死亡の時）です。また原則，相続税の申告期限は相続開始の日の翌日から10か月以内です（相続法27①）。つまり，相続開始から申告書の提出期限までに生じた資産の価格変動は考慮しないのです。相続税の課税対象はその大半が土地です。地価上昇時には納税者に有利となり，価格変動を考慮しないことは租税回避防止には有効です。しかし下落時には納税者に過酷な税となってしまいます。

【財産評価基本通達による主な財産の評価方法】

財産の種類	評価方法
宅　地（相税評通11）	路線価方式または倍率方式
借地権（相税評通27）	宅地の評価額×借地権割合
貸宅地（相税評通25）	宅地の評価額－借地権の価額
貸家建付地（相税評通26）	宅地の評価額－（宅地の評価額×借地権割合×借家権割合×賃貸割合）
家屋（相税評通89）	固定資産税評価額×一定の割合（現行では1.0）
上場株式（相税評通169）	次の①から④までの価額のうち，最も低い価額 ①　相続開始があった日の終値 ②　相続開始があった月の終値の月平均額 ③　相続開始があった前月の終値の月平均額 ④　相続開始があった前々月の終値の月平均額
取引所相場のない株式・出資（相税評通178・179）	その会社の規模・株主の構成・資産の保有割合などに応じて，以下のいずれかの方法 ①　類似業種比準方式（相税評通180〜184） ②　純資産価額方式（相税評通185〜187）

③　①と②の併用方式	
	④　配当還元方式（相税評通188，188-2）
預貯金（相税評通203）	相続開始の日現在の預入残高＋既経過利子の額
家庭用財産（相税評通128〜130）	売買実例価額・精通者意見価額など
書画・骨とうなど（相税評通135）	売買実例価額・精通者意見価額など

【路線価方式】

　路線価が定められている地域の評価方法です。路線価とは，路線（道路）に面する標準的な宅地の１平方メートル当たりの価額のことで，「路線価図」で確認できます。

　宅地の価額は，原則として，路線価をその宅地の形状等に応じた調整率で補正した後，その宅地の面積を掛けて計算します。

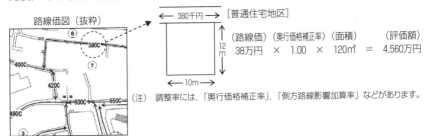

（注）　調整率には，「奥行価格補正率」，「側方路線影響加算率」などがあります。

【倍率方式】

　路線価が定められていない地域の評価方法です。宅地の価額は，原則として，その宅地の固定資産税評価額に一定の倍率（倍率は「評価倍率表」で確認できます。）を掛けて計算します。

（注）　評価倍率表の「固定資産税評価額に乗ずる倍率等」，の「宅地」欄に「路線」と表示されている地域については，路線価方式により評価を行います。

＊国税庁「相続税のあらまし」
http://www.nta.go.jp/taxes/shiraberu/sozoku-tokushu/souzoku-aramashih30.pdfを一部加筆

(3)　事業継承税制

　相続税・贈与税は時価により課税します。しかし，例えば中小零細事業者に相続が発生した場合，事業用資産が時価で課税され，納税のためにその資産を

売却しなければならないといった過酷なケースも考えられます。このような問題を回避するための制度を一般的に**事業継承税制**（措置法70の7以下）と呼びます。事業の円滑な承継を図るための税制です。

　中小零細法人で一定の要件を満たす後継者が，先代経営者から，その法人の株式を贈与または相続等により取得した場合，その株式に対する贈与税・相続税について，一定の要件のもと，その納税が猶予されるのです。そしてその後，この後継者が死亡等した場合，この納税が猶予されている贈与税・相続税は納付が免除されるのです。

　ほかにも相続税・贈与税には，農地等に対する贈与税・相続税の納税猶予及び免除の特例（措置法70の4①・70の6①，措置令40の6・40の7），などといった特例がいくつもあります。

(4)　延納・物納制度

　相続税法には，他の税法にみられない独自の制度があります。その代表的なものがこの延納・物納制度であり，これは納付についての特例です。税金は申告期限までに一時に金銭で納付することを原則とします。したがって，相続税・贈与税の場合，財産の取得に対して課税されますので，換金性に乏しい資産を取得しても現金で納税しなければならないのです。そのために認められているのがこれらの制度です。

　延納とは，相続税または贈与税の額が10万円を超え，かつ，納期限までにまたは納付すべき日に金銭で一時に納付することを困難とする事由がある場合に，納税義務者の申請により，年賦延納によりこれらの税金を分割で納付することを認めている制度のことです（相税法38）。

　物納は相続税だけに設けられている制度です。相続税の課税財産には，換金することが困難な土地や家屋などもあります。この場合，延納の許可を受けてもその延納期間内に完納することができない場合も予測されます。それゆえこの制度が設けられているのです（相税法41）。なお物納の場合の**収納価額**は，その相続税申告における課税価格計算の基礎となったその財産の価額，つまり相続税評価額によります（相税法43①）。

4 消費税法

第**21**話

多段階消費税と仕入税額控除

(1) 消費課税の諸類型

物品やサービスの消費に対して課税することを**消費課税**といいます。消費に担税力を見出し課税するのです。ただし，この消費に課税するとしてもその種類は様々です。わが国に消費税が導入される前，消費課税の中心は**物品税**でした。いわゆる贅沢品に課税していたのです。この物品税は個別消費税に分類されます。**個別消費税**とは，特定の物品・サービスのみを課税対象とするものです。物品税は，この特定の物品を「別表に掲げる物品」として法律に掲げ，これに課税しました（旧物品税法1）。つまり物品税では，課税するにあたり，課税する物品を1つ1つ法律（別表）に明記しなければなりませんでした（**掲名主義**）。課税にあたり，その都度議会のチェックが必要であることから，租税法律主義（憲法84・30）の要請に適した制度ということができます。ただし，新たにより贅沢な商品が発売された場合など，別表に記載がないため直ちに課税できないなどの問題がありました。これらの問題を解決するため導入されたのが消費税です。消費税は一般消費税に分類されます。**一般消費税**とは，原則としてすべての物品・サービスを課税対象とするものです。消費税法は，**課税の対象**として，「国内において事業者が行った資産の譲渡等…」と規定します（消税法4①）。そのうえで**非課税**として「別表に掲げるもの」としています（消税法6①・②）。つまり消費税法は，原則としてすべての物品・サービスを

課税対象とし，その性格から消費税の課税になじまないものと政策的配慮によるものを非課税として，法律（別表）に明記するという法構造となっているのです。

【消費課税の諸類型】

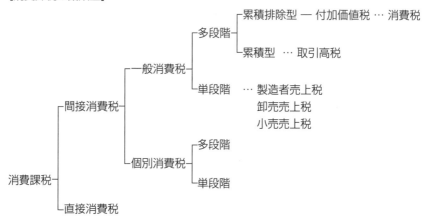

　このようにわが国の消費税は間接税として間接消費税に区分され，さらに一般消費税に分類されます。なお現在，個別消費税には酒税・たばこ税などがあります。

　また一般消費税は多段階消費税と単段階消費税に区分され，多段階消費税は累積排除型と累積型とに分類されます。そしてわが国の消費税は**多段階消費税**であり，しかも**累積排除型**ということになります。なおこのスタイルのものを税法学では一般的に**付加価値税**（VAT・GST）といいます。そして，この付加価値税をわが国では消費税と呼んでいるのです（**第23話**参照）。

(2)　多段階消費税と単段階消費税

　ある商品が消費者の手元へ渡るまでの流通過程をみてみると，製造・卸・小売といくつもの段階があります。また最近では，製造から小売販売まで一貫して行う事業者も存在します。**単段階消費税**とは，これらの各段階の一つ，例えば小売の段階だけで，この小売業者を納税義務者として課税するものです。アメリカの各州において導入されている小売売上税がこれにあたります。一方の

多段階消費税とは，これとは逆に製造・卸・小売といったそれぞれの段階（多段階）で課税するものです。さらにこの多段階消費税は**累積排除型（付加価値税）**と**累積型（取引高税）**とに分かれます。この違いは何を課税標準とするかです。つまり付加価値税では付加価値を，取引高税ではその取引高を，それぞれ課税標準としているのです。

　では取引高税とはいったいどういうものか，具体例でみてみます。なお，前提条件として，仕入金額に500円の利益を付して販売するものとし，税率は10％とします（**図表21－1**）。

【図表21－1】　　　　　　　　　　　　　　　　　　　　　　　　　（単位：円）

	原材料製造業者	完成品製造業者	卸売業者	小売業者	消費者
仕入金額		1,100	1,760	2,486	支払総額
利益計上後	1,000	1,600	2,260	2,986	3,284
税(10%)	100	160	226	298	（販売価格）
販売価格	1,100	1,760	2,486	3,284	

　では，原材料の仕入れから小売りまでを一貫して行っている場合にはどうなるのでしょうか。ただしこの場合，完成品製造業者と卸売業者が省略されているため，利益を1,500円（500円×3回分）とします（**図表21－2**）。

【図表21－2】　　　　　　　　　　　　　　　　　　　　　　　　　（単位：円）

	原材料製造業者	完成品製造業者	卸売業者	製造小売業者	消費者
仕入金額		－	－	1,100	支払総額
利益計上後	1,000	－	－	2,600	2,860
税(10%)	100	－	－	260	（販売価格）
販売価格	1,100	－	－	2,860	

　取引高税の場合，製造・卸・小売といった各段階で課税されます。そして各段階で課された税にまた税が課されることになります（tax on tax）。これでは流通過程の複雑な業界では，販売価格がどんどん高くなってしまいます。経済活動に対して税制が悪い影響を与えてしまいます（中立性）。わが国でも戦後の一時期この取引高税は導入されましたが，**税に対する税**が累積するという欠点から廃止されました。

　これを回避するためにフランスで考案されたのが付加価値税です。現在，

EU諸国をはじめ，多くの国々でこの付加価値税が採用されているのはこのためです。では付加価値税とはいったいどういうものか，具体例でみることにします（税率は10%とします）（図表21－3）。

【図表21－3】　　　　　　　　　　　　　　　　　　　　　　　　　　（単位：円）

	原材料製造業者	完成品製造業者	卸売業者	小売業者	消費者
売上金額	80,000	100,000	130,000	170,000	支払総額
売上に対する税	①8,000	②10,000	③13,000	④17,000	187,000
仕入金額		80,000	100,000	130,000	（販売価格）
仕入に対する税		①8,000	②10,000	③13,000	
納付税額	①8,000	②-①=2,000	③-②=3,000	④-③=4,000	

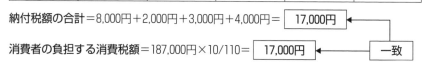

納付税額の合計＝8,000円＋2,000円＋3,000円＋4,000円＝　17,000円

消費者の負担する消費税額＝187,000円×10/110＝　17,000円　◀── 一致

　同じように原材料の仕入れから小売りまでを，一貫して行っている場合にはどうなるのでしょうか。こちらも製造小売業者の販売価格を170,000円としてみます（図表21－4）。

【図表21－4】　　　　　　　　　　　　　　　　　　　　　　　　　　（単位：円）

	原材料製造業者	完成品製造業者	卸売業者	製造小売業者	消費者
売上金額	80,000	－	－	170,000	支払総額
売上に対する税	①8,000	－	－	②17,000	187,000
仕入金額		－	－	80,000	（販売価格）
仕入に対する税		－	－	①8,000	
納付税額	①8,000	－	－	②-①=9,000	

納付税額の合計＝8,000円＋9,000円＝　17,000円

消費者の負担する消費税額＝187,000円×10/110＝　17,000円　◀── 一致

　このように**付加価値税**では，売上に対する租税から仕入の際に負担した租税を控除して，その納税額を計算するものです。計算式で表すと（売上－仕入）×税率ということにもなります。この（売上－仕入）が**付加価値**ということなのです。ですから付加価値税というためには，この仕入において負担した租税

を控除するということが重要です。そしてこれを仕入税額控除というのです。

(3)　仕入税額控除

　わが国の消費税が付加価値税であるためには，この**仕入税額控除**（消税法30
①）が必要となります。またこの仕入税額控除の方法には，インボイス方式と
帳簿方式（アカウント方式）の2種類があります。**インボイス方式**とは，仕入
税額控除にあたり，課税事業者登録番号や適用税率，税額など法定の記載事項
が記入された計算書（インボイス）を必要とする方法です。そして**帳簿方式
（アカウント方式）**とは，納税者が作成する帳簿の記載をもとに仕入税額控除
を行うものです。わが国消費税は，免税事業者からの仕入税額控除や事務負担
対策のために，その導入当時からこの帳簿方式を採用してきました。なおこの
帳簿方式ですが，導入当初は，仕入税額控除の要件として「帳簿**又は**請求書
等」の保存が求められましたが，1997（平成9）年から「帳簿**及び**請求書等」
の保存へと改正され，仕入税額控除要件が厳格化されました（消税法30⑦）。こ
の改正により，例えば所得税・法人税の計算では仕入など必要経費・損金とし
て計算されても，消費税では仕入税額がないものとして課税されるケースが増
えてきています。また記載された氏名や名称等が架空である場合，税務調査に
おける帳簿等の不提示の場合に，仕入税額控除が否認された事件（例えば，最
判平成16.12.20判時1889号42頁）もあります。消費税法上，仕入税額控除の要件
は「帳簿及び請求書等の保存」でした。「不提示」までは要求していません。
しかし最高裁は，「事業者が災害その他やむを得ない事情によりこれをするこ
とができなかったことを証明しない限り」，「税務職員による検査に当たって適
時に提示することが可能なように態勢を整えて保存することを要する」といい，
不提示の場合，保存とはならないと判示しました。

　消費税が付加価値税であるためには，**前段階税額控除**，すなわち仕入税額控
除が必要です（東京地判平成9.8.8判タ977号104頁）。ただし，このような仕入税
額控除が否認されるケースも数多く報告されています。これはわが国消費税法
が，課税標準を「課税資産の譲渡等の対価の額」とし，付加価値（売上－仕
入）として規定していないことにも起因しているようです（消税法28①）。条文

構成上，この仕入税額控除は税額控除等として扱われているのです。しかし，この仕入税額控除とは，事業者に対する特典ではなく，付加価値税である消費税の制度的本質からくる当然の権利です。これについて消費税導入時の税制改革法が，「消費税は，事業者による商品の販売，役務の提供等の各段階において課税し，経済に対する中立性を確保するため，課税の累積を排除する方式による」（同法10②）ということからも確認できます。本来，消費税法30条「仕入れに係る消費税額の控除」は確認規定にすぎないはずです（例えば，前掲最判平成16.12.20，滝井繁雄裁判官反対意見）。

　2023（令和5）年10月以降，わが国消費税の仕入税額控除は**適格請求書等保存方式**に変更され（2023年10月以降の消税法30①），適格請求書を利用したインボイス方式へとなる予定です。**適格請求書**とは，売主から買主へ，正確な税率と消費税額を伝えるためのものです。そして仕入税額控除にはこの適格請求書の保存が要件となるのです。これにより前段階税額控除すなわち仕入税額控除は，現在と比べてより正確なものとなります。しかしこの制度では，登録を受けた**課税事業者**のみ適格請求書を交付できるのです。ですから免税事業者からの仕入は仕入税額控除ができないことになってしまいます。そうすると事業者免税点制度（消税法9）はどうなってしまうのでしょうか。事業者免税点制度は，価格に消費税相当額を転嫁できない零細事業者に対するセーフティ・ネットとしての機能があるのも事実です（**第23話**参照）。

(4)　簡易課税制度

　簡易課税制度とは仕入税額控除の特例です。小規模な事業者の事務負担などの理由により設けられた制度のため，現在，**基準期間**（個人の場合はその年の前々年，法人の場合は前々年事業年度〔消税法2①十四〕）の課税売上高が5,000万円以下である事業者の選択により受けることができる制度です（消税法37①）。

　本来，消費税額の計算では，課税売上高と課税仕入高をそれぞれ計算しなければなりません（**本則課税**）。しかしその計算を簡略化するため，課税売上高に法定の割合（**みなし仕入率**）を乗じた額をもって，課税仕入高としようとする制度です。なおこのみなし仕入率は，事業区分によりそれぞれ定められてい

ます（消税令57①・⑤・⑥）（**第23話**参照）。

【簡易課税制度の概要】

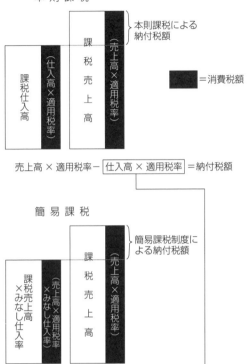

本 則 課 税

本則課税による納付税額

■＝消費税額

（仕入高×適用税率）課税仕入高　課税売上高（売上高×適用税率）

売上高 × 適用税率－ 仕入高 × 適用税率 ＝納付税額

簡 易 課 税

簡易課税制度による納付税額

課税売上高×みなし仕入率（売上高×適用税率×みなし仕入率）　課税売上高（売上高×適用税率）

売上高 × 適用税率－ 売上高 × 適用税率 × みなし仕入率 ＝納付税額

○みなし仕入率＝事業の種類ごとに，仕入高の売上高に通常占める割合を勘案して定められている。

卸　売　業	小　売　業	製 造 業 等	サービス業等	不 動 産 業	その他事業
90%	80%	70%	50%	40%	60%

＊財務省webサイト https://www.mof.go.jp/tax_policy/summary/consumption/303.pdfを一部加筆

第**22**話

消費税における様々な取引

(1)　課税対象取引

　納付すべき消費税額は，「課税標準額×税率－仕入控除税額」として計算します。これをもう少し簡単にすると，「課税売上高×税率－課税仕入額×税率」ということになります。標準税率は消費税（7.8％）と地方消費税（2.2％）を併せて10％（ただし，軽減税率として 8 ％〔消費税 6.24％・地方消費税1.76％〕）（消税法29，地税法72の83，平成28改正法附則34①）であり，とてもシンプル（簡素）な税制ともいわれます。

　しかし消費税法は，消費税の課税標準を「課税資産の譲渡等の対価の額」（消税法28①）と「特定課税仕入れの支払対価の額」（消税法28②）と規定します。ですから実際に消費税の額を計算する場合，まずは課税資産の譲渡等とは何かが問題となるのです。**課税資産の譲渡等**とは，資産の譲渡等のうち非課税取引以外の取引をいいます（消税法 2 ①九）。実は消費税の計算をする場合，事業者はその売上高を，課税対象取引・課税対象外取引・課税取引・非課税取引・ゼロ税率取引に区分し，その中から課税取引（課税売上高）のみを抽出しなければならないのです。さらにこの課税取引も標準税率対象か，軽減税率なのかに区分しなければなりません。また課税仕入額の計算においても同様の作業が必要です。非課税売上に対応する仕入を，仕入控除税額に含めて計算してはならないからです（消税法30①）。

　「特定課税仕入れの支払対価の額」も課税標準の額に含まれます。**特定仕入れ**とは，事業として他の者から受けた特定資産の譲渡等のことです（消税法 2①八の二・ 2①八の四・ 2①八の五・ 4①）。さらに**特定資産の譲渡等**は，事業者

向け電気通信利用役務の提供と特定役務の提供に分かれます（消税法2①八の二）。

　インターネット等を通じて行われる電子書籍・音楽，ソフトウエアの提供，ネット広告の配信，クラウドサービスの提供などの役務の提供を**電気通信利用役務の提供**（消税法2①三・八の四）とし，また，芸能・スポーツ等の役務の提供を**特定役務の提供**（消税法2①八の五）として，国外事業者が国内事業者や国内消費者に対して行うこのような取引を，課税対象外取引（不課税取引）から課税取引に変更し，消費税を課すのです（消税法4③三）。具体的には，事業者向け取引には，**リバースチャージ方式**が導入されました。これにより消費税の納税義務者が，役務の提供を行う国外事業者から役務の提供を受けた事業者に変更されました。

(2)　非課税取引と課税対象外取引

　消費税額の計算をするにあたり非課税取引を排除しなければなりません。**非課税取引**とは消費税を課さない取引のことです。この非課税取引は大きく2つのグループに分かれます。1つは消費税を課税することになじまないものです。そしてもう1つが，社会政策的な配慮から課税することが適当でないものです。そして現在，非課税取引として13種類の取引が規定されています（消税法6①・②，別表第一，第二）。わが国の消費税は，この非課税項目を極めて狭く限定しています。これは仕入税額控除の方法として**帳簿方式**を採用しているからです。しかし，この非課税取引をこのように2つに大別したとしても，その意味が必ずしも明確でなく，その性格も同一ではありません。例えば，「税制改革についての中間答申（昭和63年6月）」では，「…土地や有価証券等の譲渡，貸付金の利子，保険料収入等は，消費税としてのこの税の性格上本来課税対象とすることになじみにくいものであり，課税対象から除外することが適当である。これらはいわば『不課税』ともいうべき性格をもつものであって，他の非課税取引とは質的に異なる範ちゅうに属するものである…」としています。しかし，なぜこれらの取引がなじみにくいのかよくわかりません。また，ではなぜこれらを不課税とせず非課税としたのかもわかりません。このようなことから課税実務の現場でも，この課税・非課税の判断に混乱をきたすケースがしば

しば見受けられるのです。

　非課税となると消費税は課税されないから，消費者も消費税を負担しないで済むのでは，ということがいわれます。消費税とは付加価値税として位置づけられます。そして付加価値税というためには，仕入に際して負担した消費税額が控除されなければなりません。またこの仕入税額控除が認められるためには，これに対する売上に税率が適用されていなければならないのです。つまり課税売上に対するものしか仕入税額控除できないということです。消費税における非課税とは，仕入税額控除が認められず，実質的に消費税が残ったままとなる制度なのです。事業者からすればその分経費がかさむことにもなります。仮に仕入税額控除が全額できた場合と同じ利益を得ようとすれば，その分値上げをしなければならないことにもなるのです。例えば，税込み価格110円で仕入れた物品を販売するケースで考えてみます。その販売が課税取引の場合，仕入税額控除が適用され実質仕入金額は100円となります。一方で非課税取引の場合，仕入税額控除は適用されず，仕入金額は110円のままです。このような状態で同じ利益を確保しようとすれば，非課税取引の場合，販売価格は10円高くしなければなりません。

　では課税対象外（不課税）とは何をいうのでしょうか。**課税対象外（不課税）取引**とは，課税の対象とならない取引のことです。消費税の課税対象は，原則として，「資産の譲渡等」に該当する取引です。そしてこの**資産の譲渡等**にあたるかどうかは，①国内において行う取引（国内取引）であること，②事業者が事業として行うものであること，③対価を得て行うものであること，そして④資産の譲渡，貸付けおよび役務の提供であることの要件を満たす必要があります（消税法2①八）。ですからこの4つの要件のうち1つでも欠く場合には，課税の対象とならない課税対象外（不課税）取引となるのです。

(3)　ゼロ税率取引

　わが国の消費税は，国内において消費される物品やサービスなど（課税資産の譲渡等）を課税対象としています。このため，輸出して外国で消費される物品や国際通信，国際輸送など輸出に類似する取引については消費税が免除され

るのです（消税法7・8）。これを**ゼロ税率取引（輸出免税）**といいます。これ
は，納付すべき消費税額の計算式である「課税標準額×税率－仕入控除税額」
において，観念的に課税標準額に0％の税率が課されているとして計算するの
です。その結果，このゼロ税率取引（輸出免税）は，物品・サービスを課税の
対象から除外することなく，仕入額に含まれていた税額は控除・還付され，結
果として，国内の消費税負担はゼロとなるのです。

　なお，輸出物品や国外で提供されるサービスに対する消費税課税の方法には
2つの考え方があります。源泉地課税主義と仕向地課税主義の2つです。**源泉
地課税主義**とは，源泉地（輸出国）に課税権があるとするものであり，**仕向地
課税主義**とは，その消費地（輸入国）に課税権があるとする考え方です。源泉
地課税主義によれば，輸出の場合，消費税率の低い国が相対的に有利となりま
す。そして仕向地課税主義の場合，源泉地では消費税を免除され仕向地国の消
費税が課税されることから，税率の低い国からの輸入品も高い国からのそれも
同率で消費税課税がなされ，税制における国際的競争中立性の確保にもつなが
ります。また各国の租税に関する主権を相互に尊重することにもなり，国際慣
行から仕向地課税主義が一般的です。わが国消費税法も課税の対象として，**保
税地域から引き取られる外国貨物**（消税法4②）を規定します。つまり輸入品
には税関で消費税が課税されるということです。なおこの外国貨物には個人輸
入も含まれます（消税法5②）。

　このゼロ税率取引（輸出免税）には大きな問題があります。それはわが国だ
けをみても大企業・多国籍企業といわれる企業は，その売上げのほとんどが輸
出によるものだからです。わが国を代表する企業の多くが消費税を納めておら
ず，むしろ還付となっているのです（**図表22－1**）。これには消費税を通じて輸
出補助金を交付しているのと同じであるといった批判も多いところです。「関
税及び貿易に関する一般協定」（GATT/WTO）は，公正・平等な貿易を保障
するため，輸出国の政府が輸出企業の対し輸出補助金を支給したり，租税によ
る優遇措置を設けることを厳しく禁じています。また消費税率引上げに伴い，
この還付金額は自動的に増加することにもなるのです。

【図表22－1】輸出大企業に対する還付金額上位10社の推算

標準税率10%　2020年度分　　　　　　　　　　　　　　（単位：億円）

企業名	事業年度	売上高	輸出割合 (%)	20年10% 還付金額	18年8% 還付金額
トヨタ自動車	2020年4月～ 2021年3月	11兆7,614	66.4(推定)	4,578	3,683
本田技研工業	同　上	3兆0,928	86.0(推定)	1,681	1,565
日産自動車	同　上	2兆4,896	78.3(推定)	1,628	1,587
マ ツ ダ	同　上	2兆1,359	81.4	957	790
村田製作所	同　上	1兆1,078	91.5(推定)	758	494
豊田通商	同　上	2兆4,729	60.8(推定)	636	528
SUBARU	同　上	1兆5,809	82.8(推定)	607	507
三菱自動車	同　上	1兆0,922	71.0(推定)	600	683
キヤノン	2020年4月～ 2020年12月	1兆2,554	74.5(推定)	525	482
パナソニック	2020年4月～ 2021年3月	3兆8,126	30.3	472	313
合　　計				1兆2,442	1兆0,632

この表は各社の最新の決算書などにより湖東京至税理士が推計計算したものです。
＊全国商工新聞2021年11月1日付より一部加筆

(4) 軽減税率

　低所得者への**逆進性対策**として，飲食料品などに対しては8％の**軽減税率**が適用されます。具体的には，飲食料品（食品表示法に規定する「食品」）と週2回以上発行される新聞の購読料がこの軽減税率の対象です（平成28改正法附則34①）。逆進性対策としては食料品を非課税とすることも考えられます。しかし，非課税とした場合，逆にその価格が上昇してしまうことも考えられます。逆進性を緩和することを目的とすればイギリスのようにゼロ税率を導入することも一案です。しかし2000（平成12）年7月の税調「中期答申」では，税収の減少を理由に，ゼロ税率の採用を認めませんでした。その結果，わが国ではフランス・ドイツなどと同様に軽減税率の採用となりました。当初この対象品目は，財源問題から生鮮食品に限定することがいわれていましたが，安定的な恒久財源を確保することを前提に，加工食品も含む飲食料品を対象とすることに

【消費税における様々な取引】

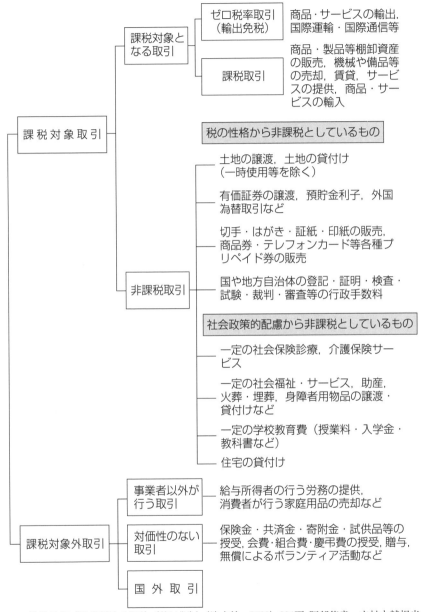

＊石村耕治編『現代税法入門塾（第11版）』（清文社，2022）304頁 阿部徳幸・本村大輔担当を一部加筆

なりました。ただし酒税法に規定する酒類と外食サービスは除かれます。なお外食とは、「飲食店営業を行う事業者が、テーブル、椅子その他のその場で飲食させるための設備（「飲食設備」）を設置した場所で行う『食事の提供』その他これに類するもの」です。そして「その他これに類するもの」とは「ケータリング・出張料理」をさします。つまり、「外食・イートイン」は外食に当たるため標準税率が、「テイクアウト・持ち帰り・宅配」は外食に当たらないため軽減税率が、それぞれ適用されるのです（**第23話**参照）。

　実は消費税とはシンプルな税制ではないのです。また軽減税率の導入によりますます複雑となってしまいました。さらにこの軽減税率によっても消費税の致命的な欠陥である逆進性を完治することは困難です。この逆進性対策には所得税における**給付つき税額控除**といった新たな制度の導入もいわれています。消費税はその税率が10％となりその税収規模も20兆円を超え所得税を上回り最も大きな規模の租税となっています。政府は、高齢社会を支える基幹税としてこの消費税をとらえています。しかし、いったんここで、消費税全体のあり方を再考する必要があるのではないでしょうか。

第23話

消費税の特質

(1) 消費者と消費税の納税義務

　私たち消費者は，毎日，消費税を負担しながら生活しています。ところでこの消費税とはいったいどのような性格のものなのでしょうか。この**消費税**は間接税といわれます。間接税とは，伝統的な区分にしたがえば，法律上の納税義務者と実際に租税を負担する担税者とが一致せず，**転嫁**（価格に上乗せ）されることが予定されている租税をいいます。ただしこの場合，転嫁によって最終的には消費者が負担することが予定されているとはいえ，法律は転嫁を強制しておらず，その「可能性」を認めているに過ぎません。つまりこの租税の転嫁ができれば間接税であり，転嫁できなければ自ら負担することになり直接税として区分されることにもなります（**第21話**参照）。

　では消費税の納税義務者とはいったい誰なのでしょうか。消費税法５条１項は，消費税の納税義務者として，「事業者は，…この法律により，消費税を納める義務がある」と規定します。これによると納税義務者は事業者であり，消費者が納税義務を負っているわけではないのです。つまり，事業者が納付する消費税は商品の価格に「転嫁」されて，消費者が実質的に消費税を負担する（**担税者**）ことが予定されているということです。なお消費税は消費行為を課税対象としていますが，この消費行為を課税対象とする場合，必ず間接税でなければならないわけではなく直接税（直接消費税）として規定することも可能です。例えば，ゴルフ場の利用に対し課されるゴルフ場利用税では，「その利用者に課する」と規定します（地方税法75）（**第21話**参照）。

　ところで，私たち消費者が消費の都度求められるあの負担はいったい何なの

でしょうか。消費税制度が争われた事件（東京地判平成2.3.26判時1344号115頁）において，被告である国は，この消費税相当額の性格を，「…事業者が取引の相手方から収受する消費税相当額は，あくまでも当該取引において提供する物品や役務の対価の一部」と主張しました。そして判決も，「… 消費者の負担する消費税分は，その本質が対価に過ぎない」といっています。ですからみなさんがコンビニで1,000円の買い物をして1,100円支払った場合，100円は消費税ではなく1,100円の買い物をしたということなのです。つまり，消費者の負担している消費税相当額は，租税ではなく**対価の一部**にすぎず，その対価（売上）の中から事業者が消費税を納付しているだけであり，事業者が消費者から租税を国に代わって預かり，それを国に納付しているという法的構造になっているわけではないのです。そしてこのような消費者の誤解を解消するためもあり，2004年4月から消費者に対して商品の販売・役務の提供等を行う場合，消費税相当額を価格に含めて**総額で表示**することが法律で義務づけられました（消税法63）。

　消費税法上，消費者は租税を負担するだけの存在です（担税者）。ですから事業者が消費税を納付すればそれで租税法律関係は終了します。つまり消費者は，実際に消費税を負担していたとしても法律上の納税義務者ではないので，納税者としての権利もないということにもなります。消費税の重要性が高まってきた今日，消費者の法的地位について再度考えてみる必要がありそうです。

(2)　わが国の消費税の問題点

①　逆進性問題

　消費税はすべての者に一律10％の負担を求めるものであり（**水平的公平**），その分，高所得者にはやさしく低所得者には厳しい租税となっています（**逆進性**）。なおこの欠陥はいかなる手段を講じても治癒できない性格のものなのです。消費税のこのような性格は，常に応能負担原則（憲法14）との関係で問題とされるところです。この問題につき裁判例では，「所得の再分配等による実質的平等実現のための政策は，租税制度のみに限つても，所得税，住民税等を含めた全体の負担の中で検討されるべきであり，ひいては，各種社会保障等を

も含めた総合的な施策によつて実現されるべきものである。したがつて，右各種政策の一部に過ぎない消費税法の課税のあり方のみをとらえて憲法14条の一義的な文言に違反するとは到底いえるものではない」（前掲東京地判平成2.3.26）といいます。しかしこれには租税制度のみに限つても，所得税・住民税等の累進性を引き上げ，いわば**垂直的公平**を高めていかなければなりません。そしてこの逆進性問題に対してわが国も，欧州諸国の例にならい食料品等に対する**軽減税率**によって対応することとしました。しかし，この軽減税率は高所得者にも適用があり，逆進性の解消にはならないはずです（**第22話**参照）。

②　滞納問題

　一般的に消費税は間接税に分類されます。間接税とは，納税義務者と担税者が一致しないことが予定されている租税と定義されます。そして，この直接税と間接税の区分は租税の転嫁の有無によっても説明されます。かつてこの消費税の性格は，間接税であることを前提に**預り金的性格**といわれてきました。つまり，消費税の納税義務者は事業者であり，この事業者は消費税相当額を消費者（担税者）から価格に含めて預かっているということです。この考え方によれば事業者にはその負担がなく，原則として消費税を滞納するということはありえないはずです。しかし国税庁は，2021（令和3）年度における新規発生滞納額は7,527億円であり，そのうち消費税は3,997億円（地方消費税を除きます。）と，消費税が滞納税金全体の53.1%を占めていると公表しています。これはどういうことを意味するのでしょうか。滞納が発生するということは，事業者自らが負担しているからということにもなるはずです。間接税といわれるもの，その区分はあくまで納税義務者と担税者が一致しないことが予定されているに過ぎないのです。つまりこの消費税とは，間接税と直接税，両者の性格を持ち合わせた租税ということになります（ただし，この性格は消費税に限ったことではありません）。そしてこの消費税が間接税として機能するか，はたまた直接税なのかは，適正な価格のもと販売することができ，そのうえで消費税相当額を価格に転嫁できるかどうかという問題に集約されます。しかし，事業者にはこの転嫁に対する権利もなければ義務もありません。なぜなら法律はこの転嫁を強制せず，適正価格での販売，そして転嫁は経済的「力」関係によ

るものだからです。

　この消費税の滞納問題について課税庁は，中間申告の回数を増やす（消税法42・43）などにより対応策を講じてきましたが，抜本的な解決とはならず，消費税の滞納は重大な問題となっています。

【税目別新規発生滞納額の推移】

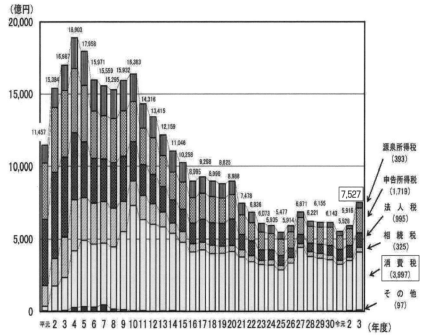

（注）地方消費税を除いています。
＊国税庁Webサイト https://www.nta.go.jp/information/release/kokuzeicho/2022/sozei_taino/pdf/sozei_taino.pdf を一部加筆

③　事業者免税点制度

　消費税法は，**小規模事業者に係る納税義務の免除**として，「事業者のうち，その課税期間に係る基準期間における課税売上高が1,000万円以下である者については，…消費税を納める義務を免除する」（消税法9①・9の2①）と規定します。この規定は，小規模な事業者の事務負担や税務執行コストへの配慮などの理由により設けられた特例です。しかし，飲食料品等に対する軽減税率制度の導入に伴い，2023（令和5）年10月以後，適格請求書等保存方式が導入さ

れることになりました。ただし，免税事業者は，この適格請求書を発行することができません。この**適格請求書**とは，売主が買主に対して「正確な消費税額等」を知らせる書類です。そこには，①発行事業者の氏名・名称，②登録番号，③適用税率，④交付を受ける事業者の氏名・名称などの記載が必要です。売主には，その取引に当たり適格請求書の交付とその保存が求められます。なお，この適格請求書は，事前に登録した課税事業者のみが交付できることとし，ニセの請求書の交付には罰則が科されます。また買主側では，この請求書の保存が仕入税額控除の要件となります。つまりこの請求書がないと仕入税額控除はできないのです。ですから免税事業者はこの適格請求書を交付できないことから，免税事業者からの仕入は仕入税額控除が認められないことになるのです。これにより免税事業者は，市場からの退場を余儀なくされることにもなりかねません。免税事業者は，事業を継続していくために事前に登録し，課税事業者となることが求められることにもなるのです。つまりこの適格請求書等保存方式の導入により，実質的に事業者免税点制度は廃止となってしまいそうです（**第21話**参照）。

④　益税問題

　消費税の益税問題ということがしばしば議論の対象となっています。そしてこの**益税問題**は，事業者免税点制度（消税法９）と簡易課税制度（消税法37①）において，主に現れるといわれています。なお2005（平成17）年時点での益税発生額は，事業者免税点制度によるもの約4,000億円，簡易課税制度約1,000億円と推計するものがあります。

　一般的に事業者免税点制度による益税問題とは，消費者が消費税と思い込んで支払った代金が，免税事業者ゆえに国等に納められておらず事業者の懐に入っているとするものです。しかし消費税と思い込んでいるものが実は価格の一部であり，総額表示が義務づけられている今日，事業者免税点制度による益税問題は存在しないはずです。しかし，このような批判のもと，この事業者免税点制度は，消費税が導入された1989（平成元）年当時は3,000万円でしたが，2004（平成16）年４月から1,000万円への引き下げがなされました。

　簡易課税制度における益税問題とは何をいうのでしょうか。本来，納付すべ

き消費税の額は，課税売上高に対する消費税の額から課税仕入額に対する消費税額を控除して計算しなければなりません（**本則課税**）（消税法30①）。しかし，小規模な事業者の事務負担などの理由により簡易課税制度が認められています。この**簡易課税制度**とは，課税仕入額を課税売上高の一定割合とみなして**仕入控除税額**を計算する方法です。そこでは卸売業は90％とされています（消税令57①⑤⑥）。例えばある卸売業者の課税売上高が2,000万円だったとします。税率10％とすると課税売上高に対する消費税は200万円ということになります。そして実際にかかった課税仕入額が1,700万円だとすると仕入控除税額は170万円となり，納付すべき消費税の額は30万円となります。しかしこの事業者が簡易課税を選択している場合，課税仕入額は1,800万円（2,000万円×90％）となり仕入控除税額は180万円となります。その結果，納付すべき消費税の額は20万円になるのです。つまり簡易課税制度を選択することにより納付税額が10万円安くなるのです。この10万円が事業者の懐に入るというのが，ここでいう益税問題なのです。そしてこの簡易課税制度も，当初，課税売上高5億円以下の事業者の選択から始まり，4億円，2億円へと，そして2004（平成16）年4月から5,000万円以下の事業者のみへと縮小されてきました。同様にこの**みなし仕入率**も数次にわたる改正のうえ，現在の区分となっています。

　しかし，益税と同じように「損税」ということも考えられます。この簡易課税は一旦選択すると2年間は本則課税に戻ることはできません（消税法37⑥）。政府は，この消費税について，これまで完全なる転嫁を求めて様々な施策を試みてきました。しかし，転嫁は法的に保障されるわけではありません。経済的「力」関係によるものです。ここでは一般論となりますが中小事業者ほど転嫁が難しいということにもなります。なお，この益税問題は，適正な価格のもとこの転嫁が完全にできていることが前提での議論です。適正な価格のもと転嫁ができなければ自らその分を負担しなければなりません。ここでも「損税」が発生することになります。正確な消費税の額を計算することの重要性はいうまでもありません。しかし，この損税の存在も忘れてはなりません。さらに適格請求書等保存方式が導入されると，この益税問題を理由に簡易課税制度は更なる縮小，または廃止も予想されます。しかしこの制度は，はん雑な事務手続きへの対応が厳しい中小事業者にとってセーフティ・ネットとして機能している

のも事実です。消費税における中小事業者対策も，このような観点から慎重な議論が求められるはずです（**第21話**参照）。

⑤　地方税制

第24話

地方財政権

(1)　地方自治と地方財政権

　わが国憲法はその第8章で**地方自治**を保障します。92条は，「地方公共団体の組織及び運営に関する事項は，地方自治の本旨に基いて，法律でこれを定める」とし，94条は，「地方公共団体は，その財産を管理し，事務を処理し，及び行政を執行する権能を有し，法律の範囲内で条例を制定することができる」と規定します。かつての明治憲法にはこの地方自治に関する規定はなく，地方自治はもっぱら国の立法政策に委ねられていました。しかし日本国憲法は，民主主義を基礎とする国民主権と自由主義を基本原理とすることから，その法的手段として地方自治を保障するのです。しかし，憲法が地方自治を保障したところでその財源を自ら調達する権能がなければ意味がありません。憲法はこの地方自治を，**条例制定権**を認めたうえで**地方自治の本旨**に基づき実施することを要請しています。自治体の課税権は地方自治権（**団体自治**）の一環として，この92条・94条から直接，自治体に付与されている権能といえるのです。つまり自治体の課税権は，国の税法がまったく存在しなくとも，地方議会で議決した条例の制定というかたちで行使できるのです。しかし94条は，「法律の範囲内」と自治体の条例制定権に一定の歯止めをかけます。ただし，地方自治の趣旨からすれば，国の法律で地方税制のすべてを一義的に規定することは許されません（**租税条例主義**）。92条は，94条の国の法律が**地方自治の本旨**に適合す

ることを要請しているのです。つまり**地方財政権**が，地方自治の最も重要な要素の１つであることを考えると，この法律による制約にはおのずと一定の限度があり，各自治体の意思が十分に尊重される内容でなければならないのです。ですから国の法律である**地方税法**とは，**標準法・枠法**としての機能を有するにすぎないことになるのです（**第２話**参照）。

(2)　自治体の自主課税権の具体的あり方

　地方財政権のあり方については，新固有権説と制度的保障説との対立があります。**新固有権説**とは，地方自治を憲法が保障している以上，法律によっても侵し得ない自治体固有の課税権があり，これに反する地方税法などによる規制は違憲となるという考え方です。一方，**制度的保障説**とは，自治体の課税権を全面的に剥奪する場合を除いては，法律による自治体課税権への規制は許されるとする立場です。例えば「大牟田市電気税訴訟」（福岡地判昭和55.6.5判時966号３頁）では，「憲法上地方公共団体に認められる課税権は，地方公共団体とされるもの一般に対し抽象的に認められた租税の賦課，徴収の権能であつて，憲法は特定の地方公共団体に具体的税目についての課税権を認めたものではない。…内容をいかに定めるか等については，憲法自体から結論を導き出すことはできず，その具体化は法律（ないしそれ以下の法令）の規定に待たざるをえない」として，制度的保障説的立場をとっています。しかし，この立場からすれば，各自治体は，国の定めた地方税法の範囲内でしか課税することはできなくなり，その範囲内で財源確保しなければならないことになってしまいます。

(3)　シャウプ勧告と地方財政権

　シャウプ勧告も地方財政の強化を大きな目的としていました。そこでは財政上の地方自治のあり方について，①需要を賄うに十分な強い税を自治体が持つこと，②中央政府の慈悲にすがることがない調整制度の保障，③税の賦課等に関する責任の集中などをあげました。そしてシャウプ勧告はそれまでの地方税の問題点として，地方税は国税に対する**附加税**としての性格が強く，税金の種

類は多いがいずれも税収は少なく，財政力が微弱であることをあげ，地方税収入を拡充し，地方税制の自主性を強化して，地方自治の基礎をつちかうことを目標に税制改正を提案しました。具体的には地方税の種類は減らされ，道府県税は附加価値税などを，市町村税は市町村民税や固定資産税を中心に再編成されていました。同時に，財源の偏在を調整するために地方財政平衡交付金制度が設置されました。このうち附加価値税は地方税法に規定されましたが実施されないまま廃止となりました。しかし，このシャウプ勧告に基づく地方税制の基本的な考え方は現在でも維持されています。ただし，その後一部は変更され，また地方財政平衡交付金は**地方交付税**となりました。

　地方財政の状況をみると，自治体の歳入に占める地方税収入の割合は3割程度であり，自治体は，国庫支出金や地方交付税等によりその歳入を補てんせざるを得ない状態が続いています。また国と地方の歳出を比較するとおおむね4：6であるのに対して，税収は，国と地方では6：4と逆転しています。さらにこの国庫支出金は，その使途が国によって定められたことなどから**三割自治**といわれるように，地方自治の独立性が問題とされてきました。そしてこの独立性の強化・財源の確保は，**地方分権一括法**の制定，**三位一体の改革**などにより一応の手当てがなされました。この改革では，地方分権を一層推進することを目指し，「地方にできることは地方に」という理念の下，国の自治体への関与を縮小し，「国から地方への補助金・負担金を廃止・縮減」・「地方への税源移譲」・「地方交付税の見直し」を同時に行うものであり，2006（平成18）年度税制改正では，所得税（国税）から個人住民税（地方税）への恒久措置として3兆円規模の本格的な税源移譲が実施されました。

(4)　都市・地方の持続可能な発展のための地方税体系の構築

　地域間の財政力格差の拡大，経済社会構造の変化などを踏まえ，大都市に税収が集中する構造的な課題に対処し，都市と地方が支え合い，共に持続可能なかたちで発展するため，地方法人課税においてこれらの偏在を是正する措置が講じられています。具体的には，国税として特別法人事業税を徴収し，その全額を都道府県に対し特別法人事業譲与税として，人口を基準として，都道府県

に譲与されています。

(5)　法定外税制度と超過課税

　地方税法は，個人の道府県民税などといった自治体が課することのできる租税を具体的に列挙しています（**法定税**）。同時にそれ以外の租税を独自に自治体（地方税法では地方団体といっています）が課することも認めています。これを**法定外税**といいます（地税法4③⑥ほか）。これにより各自治体は，それぞれ租税条例を制定し租税を徴収することが可能となります。この権限は，地方の財政危機が深刻化しだした昭和50年代に入り，熱海市の別荘等保有税などが実施されたことを皮切りに活発な議論へと発展しました。ただし地方税法は，自治体に無条件でこの制度を認めているわけではありません。**総務大臣の同意**が必要です。そこでは，①国税または他の地方税と課税標準を同じくし，かつ，住民の負担が著しく過重となる場合，②地方団体間における物の流通に重大な障害を与える場合，そして③国の経済政策に照らして適当でない場合には，総務大臣は同意しなくてよいとされています（地方税法261・671ほか）。多くの自治体は，逼迫した地方財政から独自の税制の構築を試みています。しかしこの総務大臣の関与が，自治体独自の税制を国の定めた範囲へと封じ込み，国の課税権，国税のすきまで課税することになり，税収はあまり期待できないものとなっています。具体的にはこの法定外税による金額は，2020（令和2）年度決算額で597億円であり，地方税税収額に占める割合は，0.15％にしかすぎません（**図表24−1**）。

　ほかにも例えば横浜市では，「緑豊かなまち横浜」を未来へ残すため「横浜みどり税」を実施しています。これは法定税である市民税について**標準税率**を超える税率で課税し（**超過課税**），この計画に取り組もうとするものです。この超過課税も，2021（令和3）年度決算段階でのべ1,741団体がこれを実施し，5,944億円程度の税収規模（2020〔令和2〕年度決算）となっていいます。これとは逆に例えば名古屋市では，2009（平成21）年度において「市民税10％減税条例」を成立させました。これらはいずれも自主財政権に基づく自治体独自の取組みということができます。しかし国の法律である地方税法により，この自

治体独自の取組みが制約を受けているのも事実です（例えば，最判平成25.3.21民集67巻3号438頁）。

【図表24-1】【法定外税の状況】

（令和4年4月1日現在）

令和2年度決算額　597億円（地方税収額に占める割合0.15%）

1　法定外普通税

（令和2年度決算額）
［単位：億円］

[都道府県]

税目	団体	額
石油価格調整税	沖縄県	9
核燃料税	福井県，愛媛県，佐賀県，島根県，静岡県，鹿児島県，宮城県，新潟県，北海道，石川県	238
核燃料等取扱税	茨城県	12
核燃料物質等取扱税	青森県	193
計	13件	452

[市区町村]

税目	団体	額
別荘等所有税	熱海市（静岡県）	5
砂利採取税	山北町（神奈川県）R4.4.1失効（*4）	0.05
歴史と文化の環境税	太宰府市（福岡県）	0.5
使用済核燃料税	薩摩川内市（鹿児島県），伊方町（愛媛県）柏崎市（新潟県）（*3）	12
狭小住戸集合住宅税	豊島区（東京都）	6
空港連絡橋利用税	泉佐野市（大阪府）	2
計	7件	26
[合　計]	20件	447

2　法定外目的税

[都道府県]

税目	団体	額
産業廃棄物税等（*1）	三重県，鳥取県，岡山県，広島県，青森県，岩手県，秋田県，滋賀県，奈良県，新潟県，山口県，宮城県，京都府，島根県，福岡県，佐賀県，長崎県，大分県，鹿児島県，宮崎県，熊本県，福島県，愛知県，沖縄県，北海道，山形県，愛媛県	68
宿泊税	東京都，大阪府，福岡県	10
乗鞍環境保全税	岐阜県	0.03
計	31件	78

[市区町村]

税目	団体	額
遊漁税	富士河口湖町（山梨県）	0.1
環境未来税	北九州市（福岡県）	7
使用済核燃料税	柏崎市（新潟県）R2.10.1失効（*3），玄海町（佐賀県）	7

環境協力税等(*2)	伊是名村（沖縄県），伊平屋村（沖縄県）， 渡嘉敷村（沖縄県），座間味村（沖縄県）	0.1
開発事業等緑化負担税	箕面市（大阪府）	1
宿泊税	京都市（京都府），金沢市（石川県） 倶知安町（北海道），福岡市（福岡県） 北九州市（福岡県）	26
計	13件	42
［合　計］	44件	120

*1 産業廃棄物処理税（岡山県），産業廃棄物埋立税（広島県），産業廃棄物処分場税（鳥取県），産業廃棄物減量税（島根県），循環資源利用促進税（北海道）など，実施団体により名称に差異があるが，最終処分場等への産業廃棄物の搬入を課税客体とすることに着目して課税するものをまとめてここに掲載している。

*2 環境協力税（伊是名村，伊平屋村，渡嘉敷村），美ら島税（座間味村）など実施団体により名称に差異があるが，地方団体区域への入域を課税客体とするものをまとめてここに掲載している。

*3 柏崎市の使用済核燃料税は，令和2年10月1日から法定外普通税として施行。そのため，令和4年4月現在の件数は法定外普通税として計上し，令和2年度決算額は令和2年9月30日までを法定外目的税として，令和2年10月1日以降を法定外普通税として計上している。

*4 山北町の砂利採取税は，令和4年4月1日をもって失効しているが，令和2年度の徴収実績があるため掲載している。

*5 端数処理のため，計が一致しない。

＊総務省Webサイトhttps://www.soumu.go.jp/main_content/000755777.pdfより

(6)　事業税の外形標準課税

　地方税法は，公益法人等を除く一定の法人・個人の事業税について，「事業の情況に応じ」その課税標準に，「資本金額，売上金額，家屋の床面積又は価格，土地の地積又は価格，従業員数等を用いることができる」と規定します（地税法72の24の4・72の49の15）。このような所得以外の外形的な基準による課税を**外形標準課税**と呼んでいます。この事業税の外形標準課税は，所得が必ずしもその法人の活動の実態を反映しない場合に，所得以外による課税を認めるものです。現在，法人事業税において一部外形標準課税が導入されています。具体的には，電気供給業，ガス供給業および保険業については収入金額による外形標準課税が行われています。また，資本金の額などが1億円を超える普通法人については，所得基準（所得割）と外形基準（付加価値割＋資本割）の合計額により税額が計算されます（地税法72の2・72の12・72の24の7）。

　租税負担のあり方については，国税の場合には「応能負担」が，地方税の場合には「応益負担」が，ということがいわれます。国税庁によれば，2020（令和2）年度の欠損法人の割合は65％となっています。そしてこの欠損（赤字）傾向は，昭和の時代の終盤から長期にわたり続いているのが実状です。欠損（赤字）であれば応能負担では租税負担はありません。しかし自治体の立場からすれば，欠損であっても行政サービスを受けているのであり租税を負担すべきということにもなります。応益負担を前提とした考え方です。つまり，この外形標準課税とは応益負担的思考による課税方法なのです。

(7)　ふるさと納税

　総務省によりますと，2020（令和2）年度の**ふるさと納税**の実績は，金額にして約6,725億円，件数で約3,489万件とのことです。この実績からも，ふるさと納税が盛んにおこなわれ，自治体の財源確保に貢献している様子が分かります。この制度は，納税という言葉を使っていますが，自らが指定した自治体に寄附をすると，その寄附金の額に応じた額が，住民税・所得税から控除される仕組みなのです（地税法37の2・314の7，所税法78）。そもそもこの制度は，都会で生活しているが生まれ育ったふるさとに貢献したい，自分と関係が深い地方に貢献したいなどといった声を反映してできたものでした。しかし，各自治体による「返礼品競争」が過熱化していることも事実です。そもそも租税とは「非対価性」という性格があったはずです（**第1話**参照）。なお，この返礼品競争に対して総務省は規制を設けました。しかし最高裁は，この規制を地方税法の委任の範囲を逸脱したものであり違法と判断しました（最判令和2.6.30民集74巻4号800頁）。自治体の自主財政権のあり方について，改めて考えてみる必要がありそうです。

第 **25** 話

国際課税

(1) 国際課税の現状

　それぞれ各国には専権事項としての**課税権**があります。ですから各国は当然に，独自の課税権を行使して税制をつくることができるのです。それゆえ，各国の税制は違ってくるのです。また，グローバル化がいわれて久しい今日，わが国と諸外国との間での，ヒト・モノ・カネ，さらには情報の移動は容易になりました。しかし，ここで大きな問題が生じてしまいました。それは，例えば日本の企業がA国の企業や子会社と取引をした場合，この日本の企業に適用されるのは日本の税法か，それともA国の税法，どちらなのでしょうか。日本にもA国にもそれぞれの課税権により租税を徴収する権限があります。この日本企業が，日本で課税され同時にA国でも課税されてしまう場合（**国際的二重課税**），これを放置しておくと経済活動に支障をきたすおそれがあります。このように国境を越えて取引する場合，それぞれの国の税法が関係してくるので租税関係は複雑になるばかりです。この解決には国際税法という世界共通の特別な税法ルールがあれば問題はありません。しかし現在，この国際税法といった特別なルールはありません。

　OECD（経済協力開発機構）は，1998年に「有害な税の競争～一つのグローバルな課題」と題した報告書を公表しました。経済のグローバル化，それに伴う資本移動の自由化，通信革命などを背景に，「足の速い」経済活動（金融そ

の他のサービス産業）誘致のため，法人税の引き下げ競争が繰り広げられました。**タックス・ヘイブン**（Tax haven），いわゆる軽課税国・租税避難国に端を発した問題です。報告書は，この問題に対して国際的な協調により歯止めをかけていくことの必要性・方法について国際的に合意した文書です。この引き下げ競争を放っておけば他国の課税ベースは侵食され（税収の減少），国外へ移動が困難な勤労所得や消費などに対する増税となってしまい，租税体系の公平性・中立性は損なわれます。同時に資本移転・経済活動がゆがめられることにもなってしまいます。

　さらにOECDは，2012年以降，多国籍企業による「税源浸食と利益移転（**BEPS**〔ベップス〕）」に対応するためのプロジェクトを開始しました。BEPSについて明確な定義はありませんがおおまかに，多国籍企業による国際的な税制の隙間や抜け穴を利用した租税回避による租税負担の軽減問題といえます。

　このような経緯から，各国の課税権の行使が国際取引に不合理な影響を与え，国際取引を阻害してはならないことや，各国それぞれの租税収入を確保しつつ，相互に自制してその課税権を適正なものにしていく必要があることなどが，各国の共通の認識となってきました。これまで各国は国内的立法措置によってこれらの問題の解決を図ってきました。しかし国際取引が飛躍的に増大・複雑化している今日においては，国内的立法措置では不十分であり，国際間の協力が不可欠となったわけです。そのため租税条約等を通じたルールが形成されつつあり，そして，ここに国際税法の果たすべき役割があるのです。現実に国際税法といった法律があるわけではありません。**国際税法**とは，租税条約と国際課税のルールを定めた国内税法からなる体系をいいます。

　このほかにも近年，インターネットを利用した国境を前提としない電脳空間を通じた電子商取引・ネット取引が盛んです。この電脳空間を通じたグローバルな国際電子商取引に対してどのような課税をするのかが，今日，国際税法における重要な課題となっています。

(2)　租税条約

　非居住者・外国法人については，各国がそれぞれの税法により課税していま

す。しかし，それぞれの国の課税権が競合する場合には，国と国との間で課税を調整することが必要です。このためわが国でも諸外国との間で，二国間の租税条約を締結しているのです。

租税条約は，法的安定性の確保・二重課税の除去・脱税および租税回避などへの対応を通じて，二国間の健全な投資・経済交流の促進に資するものです。そしてこの租税条約には，国際標準となる「**OECDモデル租税条約**」があり，OECD加盟国を中心に租税条約を締結する際のモデルとなっています。わが国も概ねこれを採用しています。

わが国憲法98条2項は，「条約及び国際法規の遵守」をいいます。このため条約を締結した場合，原則として国内法に優先して租税条約を遵守しなければなりません（所税法162，法税法139）。また租税条約の実施のために，「租税条約等の実施に伴う所得税法，法人税法及び地方税法の特例等に関する法律」が制定されています。なお，租税条約が締結されていなければ，わが国の非居住者・外国法人に関する税法規定が適用されます。

(3) 納税者の区分とその課税所得の範囲

わが国の所得税法・法人税法は，納税者の区分とその課税所得の範囲などを以下のように定めます。

【個人納税者の区分と課税所得の範囲】（所税法2①三，四，五・7①一，二，三）

納税者の区分	課税所得の範囲	課税の方式
居住者 ・国内に住所を有する個人 ・現在まで引き続き1年以上居所を有する個人	・全ての所得（全世界所得） 　⇒無制限納税義務者	・居住地国課税
非永住者 　・日本国籍を有しておらず，かつ， 　・過去10年以内において国内に住所または居所を有していた期間の合計が5年以下	・国外源泉所得以外の所得 ・国外源泉所得（国内払い・国内送金分に限る） 　⇒制限納税義務者	・源泉地国課税

である個人		
非居住者 　・居住者以外の個人	・国内源泉所得のみ 　⇒制限納税義務者	・源泉地国課税

【法人納税者の区分と課税所得の範囲】（法税法2三，四・4①③）

納税者の区分	課税所得の範囲	課税の方式
内国法人 　・国内に本店または主たる事務所を有する法人	・すべての法人(全世界)所得 ※ただし，外国子会社配当益金不算入制度の適用を受ける配当については，その95％相当額が益金不算入 　⇒無制限納税義務者	・居住地国課税
外国法人 　・内国法人以外の法人	・国内源泉所得のみ 　⇒制限納税義務者	・源泉地国課税

　わが国の所得税法・法人税法は，居住者・内国法人に対して無制限の納税義務を負わせ（**無制限納税義務者**），その源泉地を問わず全世界所得に課税する**居住地国課税**（個人については住所等，法人については本店所在地等が所在する国で課税）を行っています。一方，非居住者・外国法人に対しては制限的な納税義務を負わせ（**制限納税義務者**），国内源泉所得に限定して課税する**源泉地国課税**（所得の発生地〔源泉地〕で課税）を行っています。また多くの国でこの考え方が採用されています。実はこの2つの考え方が問題を引き起こすのです。例えば日本企業がB国で所得を得る場合，B国では源泉地国課税で課税される一方，わが国でも同じ所得に対し居住地国課税が行われることになります。それゆえ二重課税を調整する必要があるのです。

(4)　恒久的施設（PE）と帰属主義

　国際課税の世界では，**恒久的施設（PE**=permanent establishment）**なければ課税なし**というルールがあります。

　外国法人は，国内源泉所得に対してのみ，わが国での課税対象となります。そして，この国内源泉所得に該当するか否かは，国内に支店や建設作業所など

の事業活動の拠点（PE）があるかどうかで判断されるのです。つまり，外国法人の一定の事業により生じた所得については，日本国内にPEを有する場合に限り，日本で課税されるのです（所税法161①一，法税法138①・141）。

　これまでわが国の所得税法・法人税法は，外国法人に対する課税では，国内源泉所得を総合して課税対象としてきました（**総合主義**）。それをOECDモデル租税条約7条「事業所得」（2010年改正）に沿った共通のルールとして，日本国内に所在するPEに帰属する所得を課税対象とする**帰属主義**へと変更しました。なお，個人の非居住者の課税については，原則として帰属主義に変更された外国法人に準じて取り扱うことになっています。

(5)　国際的二重課税を排除する方策

①　外国税額控除制度（所税法95，法税法69ほか）

　内国法人等が，国外で得た所得に対して外国で課税を受けた場合，その内国法人等は，再度その国外所得について日本で課税されることになります。外国で課税された部分にわが国で課税されるのを排除する方策です。

②　外国子会社配当益金不算入制度（法税法23の2）

　内国法人が外国子会社から受ける配当等がある場合，この配当等は外国子会社において，すでに課税済みの利益であることから，これをその内国法人の益金に算入してしまうと二重課税となってしまいます。これを排除するため一定の金額を益金不算入としています。

(6)　国際的租税回避等へ対応する方策

①　外国子会社合算税制（措置法66の6〜66の9）

　わが国の居住者である個人・内国法人が株主となっている外国子会社等の所得には，日本の課税権が及びません。この場合，日本の株主に配当された時にはじめて日本で課税対象となるのです。子会社等をいわゆるタックス・ヘイブンに設立し，所得を留保して配当を行わないことにすればわが国で課税はでき

ません。そしてこの留保所得を用いて外国で再投資すれば，日本では永久に課税できなくなります。

　そこで国外の本店所在地の租税負担が，日本の法人税負担に比べて著しく低い外国子会社等の留保所得を一定の条件のもとに，株式の所有割合に応じて日本の株主の所得とみなして課税するのです。

②　移転価格税制（措置法66の4）

　関連会社相互間の取引の場合，その対価を自由に決めることができることから，この価格を使った租税回避が行われることがあります。この価格操作のもと，通常より安い価格で取引することにより一方の国にある会社の所得は減少し，その結果，その国の課税権が侵害されることになります。多くの国においても，通常の取引価格（**独立企業間価格**）に置き換えて課税する規制措置を講じています。

③　過少資本税制（措置法66の5）

　法人税の計算において支払った配当は損金として控除できませんが，支払利子の場合は控除できるので，親会社からの出資を減らして借入金を増やすことにより法人税負担を減らす手法に対する規制です。

④　過大支払利子税制（措置法66の5の2）

　法人税の計算上，支払利子が損金に算入されることを利用して，関連者間の借入れを恣意的に設定し，関連者全体の費用収益には影響させずに過大な支払利子を損金に計上することで，租税負担を圧縮しようとする租税回避が可能となります。このような手法による租税回避を防止するため，関連者への純支払利子等の額のうち一定割合を超える部分の金額を，当期の損金の額に算入しないこととする制度です。

(7)　プラットフォーマーに対するデジタル課税

　GAFA（グーグル，アップル，フェイスブック，アマゾン）など，アメリカ

系巨大デジタル企業は，国境のないネット空間で「プラットフォーム」を構築し，全世界規模のグローバルな事業を展開し莫大な利益を上げています。しかし，その消費者のいる市場国や地域には，ほとんど税金を納めていないということが問題とされてきました。これまでこの問題に対し，フランスやインドは独自にデジタル企業に対し課税制度を設けて対応してきました。

　2021年10月，OECD加盟国を含む136カ国と地域は，PE（恒久的施設）などがなくとも，その消費者がいればその市場国で課税できる仕組みの導入で最終合意しました。ほかにも「有害な税の競争」への対応策として，法人最低税率（ミニマムタックス）を15%にすることについても，国際合意がなされました。

【2021年国際合意した国際課税の概要】

デジタル課税	・売上高200億ユーロ，利益率10%超の多国籍企業が納税義務を負う
	・売上高10%超の利潤の25%までの課税権を，消費者のいる市場国に配分
	・2022年に多数国間条約を締結し，2023年に課税を実施
	・各国が独自に導入したデジタル税などは廃止
法人最低税率	・実効税率15%
	・工場などの簿価と給与支払い分の5%は課税除外
	・2022年に各国が国内法を改正し対応

租税手続法

第26話

納税義務の成立と納付税額の確定

(1) 納税義務の成立

納税義務の成立とは，納税者からすれば租税の納付義務の発生であり，課税庁からすれば租税を請求しうる権利の発生です。この納税義務の成立は，所得税法・法人税法といった各個別税法に規定する課税要件の充足によって，何らの手続きを必要とせずに成立します（国通法15②）。例えば所得税では，毎年1月1日から12月31日までを一課税期間として所得金額や税額の計算が行われます。これを**暦年課税**といいます。ですから所得税の納税義務は，暦年の終了の時に成立することになるのです。

しかし，このままではその具体的な納税額が定まっておらず，納税者は税額の納付へ，課税庁は徴収へと進むことができません。そのため納税者または課税庁の一定の行為を通じて，その税額を確定させることが必要となります（国通法15①）。

【主な税目の納税義務成立の時期】

税 目 区 分	成 立 時 期
申告納税による所得税	暦年の終了の時（国通法15②一）
源泉徴収による所得税	源泉徴収をすべきものとされている所得の支払の時（国通法15②二）
法人税および地方法人税	事業年度の終了の時（国通法15②三）
相続税	相続または遺贈による財産の取得の時（国通法15②四）
贈与税	贈与による財産の取得の時（国通法15②五）
消費税	・国内取引⇒課税資産の譲渡等もしくは特定課税仕入れを行った時 ・輸入貨物⇒保税地域からの引取りの時（国通法15②七）

(2)　納付税額の確定方式

　納税義務が成立すると，納付税額を確定する手続きへと移行します。これには申告納税方式と賦課課税方式があり，そのほか，特別の手続きを必要とせず確定する自動確定方式によるものがあります。

①　申告納税方式

　申告納税方式とは，納付すべき税額が，納税者の申告によって確定することを原則とし，申告がない場合もしくは誤っている場合に限って，課税庁による決定もしくは更正によって税額を確定する方法です（国通法16①一）。伝統的に広くアメリカで用いられてきました。第一次的に納税者に税法解釈権が与えられていることから，国民主権原理（憲法1）の税法的表現として評価されます。同時に課税庁サイドからすれば租税の能率的徴収に寄与することにもなります。わが国の場合，国税の大部分がこの方式によっています。

②　賦課課税方式

　賦課課税方式とは，納付すべき税額がもっぱら課税庁の処分によって確定する方式をいいます（国通法16①二）。この方式は伝統的にヨーロッパ諸国において用いられてきました。わが国の場合も戦前はこの方式が一般的でした。現在も地方税においてはこの方式が原則とされています。またこの賦課課税方式によるものには，**課税標準申告書**の提出を求める場合があります（国通法31①）。ただしこれは税額の賦課決定にあたり，その基礎資料の提出を求めるものであり税額確定の効果はありません。

③　自動確定方式

　自動確定方式とは，納付すべき税額が，納税義務が成立すると同時に特別の手続きを必要とせず法令の定めにより確定するものをいいます（国通法15③）。例えば，源泉徴収等による国税（源泉所得税）や自動車重量税，印紙税がこれにあたります。これらはその課税標準の金額または数量が明らかであり，税額算定もきわめて容易であることからこの方式がとられるのです。

(3) 更正・決定 (課税庁サイド)

申告納税方式のもと,納付すべき税額は納税者の申告によって確定します。しかし,この申告が常に法的に正しいものばかりとは限りません。また,何らかの事情により申告がない場合もありえます。このような場合,課税庁は税務調査を行ったうえで,その課税標準または税額を確定させることになります。これらの処分をそれぞれ更正・決定というのです。

① 更正

更正とは,納税者の申告により確定している税額等を変更する処分をいいます (国通法24)。これには税額等が増加する**増額更正**と減少する**減額更正**とがあります。この更正は**更正通知書**の送付によりなされます (国通法28①②)。

② 決定

決定とは,申告書を提出する義務があると認められる者が,申告書を提出しなかった場合に,その税額等を決定することをいいます (国通法25)。この決定は**決定通知書**の送付をもって行われます (国通法28①③)。

③ 推計課税

税務署長が更正もしくは決定をする場合,実際の所得を調査して処分する**実額課税**が原則です。しかし,納税者等が税務調査に協力しない,帳簿書類等がない,あるいはあっても不備がある。こうした場合にこれら帳簿書類等といった直接資料によらず,店舗面積などさまざまな間接資料を使って所得金額を認定し課税します。こうした課税方法を**推計課税** (所税法156,法税法131) といいます。推計課税は例外的な課税方式であるため青色申告者には認められません。またいわゆる**白色申告**の場合でも無条件で認められるわけではありません。あくまでも「推計の必要性」がある場合に限られるのです。(福岡高判昭和32.9.20行集 8 巻 9 号1632頁)。

④　青色申告

　青色申告とは，申告納税制度の定着を図るため**シャウプ勧告**に基づいて導入された制度です（所税法143，法税法121）。帳簿書類を基礎とした正確な申告を奨励するため，一定の帳簿書類の備え付け等を条件に，各種の特典が付与されます（所税法148①，法税法126①）。不動産所得・事業所得・山林所得の個人所得税，法人税および特定信託の収益に対する法人税について，税務署長の承認のもと認められる制度です（所税法144，法税法122）。具体的な特典としては，「青色事業専従者給与」（所税法57），「欠損金の繰越し」（法税法57①⑪），「更正処分の場合の推計課税の制限」（所税法156，法税法131）や「青色申告に対する更正処分の理由附記」（所税法155②，法税法130②）などがあります。

　青色申告者に対して更正をする場合，推計課税によることは認められず，また更正通知書には理由附記が求められます（所税法155②，法税法130②）。しかし現在，白色申告者に対しても記録の保存義務，そして一定の所得金額を超える場合には記帳義務が課されています（所税法232）。また白色申告者に対しても更正等を行う場合には，その理由を附記しなければなりません（国通法74の14①かっこ書き，行手法8・14）。青色申告制度そのものの存在意義を再考すべき時期かもしれません。

　なお税務行政の現場では，青色申告者が正確な帳簿書類を備えていないなどの場合，青色申告の承認を取消し（所税法150，法税法127），白色申告として推計課税が行われることがあります。

(4)　修正申告・更正の請求（納税者サイド）

　申告納税制度の理念にしたがえば，納税者は，自己の申告等に誤りがあることに気がついた場合，これを是正しなければなりません。この是正措置として修正申告と更正の請求があります。

　また，納税者が法定申告期限内に申告した場合，これを**期限内申告**（国通法17），法定申告期限後に申告する場合，これを**期限後申告**（国通法18）といいます。これらの違いは単に申告時期の違いだけでその記載内容は同じです。ただし期限後申告の場合，法定申告期限までに申告がなかったのですから，附帯税

の負担が求められます（**第30話**参照）。

①　修正申告

　修正申告とは，自己の行った申告や更正・決定による税額等が，過少であることに気づいたときにこれを修正（増額）できるということです。この修正は**修正申告書**の提出によりなされます（国通法19）。この修正申告には期間制限はありません。ただしここでも**附帯税**の負担が求められます。

②　更正の請求

　自己の申告が過大であると気づいたときは，法定申告期限から原則として5年以内に限り，税務署長に対し税額等を減額すべき旨を請求することができます。これを**更正の請求**といいます（国通法23①）。これは**更正請求書**の提出によりなされます（国通法23③）。なおこの更正の請求はその名称からもわかるように，申告額の減額を課税庁に請求するもので，納税者自身が税額を是正し確定させるものではありません。この点で増額変更ののち税額を確定させる修正申告とは異なります。税務署長は，更正の請求があった場合，調査によりその請求に理由があると認めた場合には更正を，理由がないと認めた場合にはその旨を通知することになります（国通法23④）。

　ただし，偽りの内容を記載した更正請求書を提出した者は，1年以下の懲役または50万円以下の罰金が科される場合があります（国通法128①一）。

　では例えば，その申告納税額が過大となってしまった場合，民法の錯誤（民法95）規定を根拠に納税額の減額を求めることはできるのでしょうか。国税通則法は，その減額手続きとしてわざわざ更正の請求の規定を設けています。この趣旨からして，錯誤による減額の請求は認められず，更正の請求によらなければなりません（**更正の請求の原則的排他性**）。

③　修正申告の勧奨

　更正を規定する国税通則法24条は，「税務署長は，…その調査により，…更正する」と規定します。したがって，調査によりこの更正事由が生じた場合，税務署長は更正しなければならないのです。しかし，税務調査の現場ではこの

更正がなされることはごく稀です。そこでは**修正申告の勧奨**がなされ，修正申告書の提出により処理する場合がほとんどだからです。本来，この修正申告はごく一部の例外（相税法31②など）を除けば，納税者の意思で自主的に行われるべきものです。しかし税務職員は，事後の不服申立てを避けるためにこの勧奨を行うのです。また税法もこれを認めています（国通法74の11③）。つまり税務行政の現場では，本来，国税通則法が予定する仕組みが崩れてしまっているのです。修正申告の勧奨は，納税者の争訟権を奪い，ひいては裁判を受ける権利（憲法32）にも大きな影響を及ぼすおそれがあります。

　そもそもこの修正申告の勧奨の性格は**行政指導**です。ですからこの修正申告の勧奨については，行政指導を規律する行政手続法第4章「行政指導」（32条〜36条の2）が適用されます（国通法74の14②）。例えば同法32条は行政指導の一般原則として，行政指導の内容はあくまでも相手方の任意の協力によってのみ実現されるものであること，行政指導に従わなかったことを理由として不利益な取扱いを受けない旨を規定します。ですから過度なまでの修正申告の勧奨は，行政手続法1条「目的等」1項に抵触するだけでなく，場合によっては，公務員の職権濫用罪（刑法193）との関係も考慮されることになります（**第27話**，**第29話**参照）。

【行政手続法1条（目的等）】
① 　この法律は，処分，行政指導及び届出に関する手続並びに命令等を定める手続に関し，共通する事項を定めることによって，行政運営における公正の確保と透明性（…略…）の向上を図り，もって国民の権利利益の保護に資することを目的とする。

---

(5)　除斥期間

　課税庁による更正・決定といった処分（**賦課権**の行使）はいつまでできるのでしょうか。この期間制限を**除斥期間**といいます（国通法70）。この除斥期間は，時効と効果は同じですが，時効の場合の更新（民法147②・148②・152①）や援用（民法145など）が認められていないため，期間が経過すると賦課権は行使できなくなります。

【更正・決定の除斥期間，更正の請求期間】

		内容	期間 ※特段の記述がない場合は「法定申告期限」から
更正・決定の除斥期間	原則	通常の更正・決定	5年　(贈与税については6年，移転価格税制に係る法人税等については7年)
		・偽りその他不正の行為の場合の更正・決定 ・国外転出時特例の対象となる場合の更正・決定	7年
		法人税に係る純損失等の金額についての更正	10年
	特例	裁決・判決等に伴う更正・決定	裁決・判決等があった日から6月
		経済的成果の消失等に伴う更正	理由が生じた日から3年
		災害による期限延長等の場合の更正の請求に係る更正	更正の請求があった日から6月
		国外取引等の課税に係る更正・決定	外国税務当局に情報交換要請をしてから3年
更正の請求期間	原則	通常の更正の請求	5年　(贈与税については6年，移転価格税制に係る法人税等については7年)
		法人税に係る純損失等の金額についての更正の請求	10年
	特例	後発的事由に基づく更正の請求 ・課税標準等の計算の基礎となった事実に関する訴えについて，判決等により，その事実が異なることが確定したとき等	事由が生じた日の翌日から2月

＊財務省webサイトhttps://www.mof.go.jp/tax_policy/summary/tins/n04_2.pdfを一部加筆

第27話

税務調査

(1)　税務調査の種類と内容

　通常，税法上の根拠を有する税務調査は３つに区分されます。**①課税処分のための調査**，**②滞納処分のための調査**，そして**③犯則事件のための調査**です。ただし，一般的に税務調査という場合，課税処分のための調査のことをいいます。所得税・法人税などすべての国税に共通する事柄であることから，統一的にそして横断的に**国税通則法**第７章の２「国税の調査」に規定されています。また滞納処分のための調査とは，税金の滞納がある場合における，滞納者に対する差押のための財産調査をいい，**国税徴収法**に規定されています（国徴法141以下）。そして犯則事件のための調査とは，脱税の疑いがある場合に，その犯則嫌疑者に対して質問・検査や臨検・捜索等を行うためのものであり，かつては**国税犯則取締法**に規定されていましたが，現在，**国税通則法**第11章「犯則事件の調査及び処分」に規定されています。

①　課税処分のための調査

　わが国の国税は，原則として**申告納税方式**を採用しています。この申告納税方式のもと，納付すべき税額は納税者の申告により確定するのが原則です。しかし，この申告内容が常に法的に正しいものとは限りません。また納税申告がない場合もありえます。このような場合，課税庁には適正な税額を確定する目的で，必要がある場合にかぎり，納税者等に対し質問し，帳簿書類等を検査するなどの権限が与えられています。この権限を**質問検査権**（国通法74の２～74の６）というのです。ですからこの調査は，公平確実な賦課徴収を目的とする

（最判昭和47.11.22刑集26巻9号554頁）ものであり，犯罪捜査である犯則事件のための調査とは明確に区分されなければなりません。つまりこの調査の本質は，納税者の同意と協力に基づく任意の調査ということです。ただしあまりに任意を強調すると，納税者の同意と協力が得られず調査の実施が危ぶまれることから，正当な理由なく調査を拒んだ場合には罰則が用意されています（国通法128①二・三）。これらのことからこの調査は，**間接強制を伴う任意調査**とよばれています。

② 滞納処分のための調査

　徴収職員（国徴法2①十一）は，滞納処分を行うにあたり，滞納者の財産の状態やその財産の第三者との関係などを調査する必要があります。国税徴収法はこの財産調査に関して，徴収職員に，①**質問及び検査**（国徴法141），②**捜索**（国徴法142），③**出入禁止**（国徴法145）の権限を認めています。この調査は**滞納処分のための調査**とよばれています。なおこの捜索には裁判官の許可状を必要としません。この財産調査の後，滞納税額が滞納者の保有財産を処分すれば完納できるかなどの検討が行われるのです。その際，一般債務との競合（国徴法8以下・15以下）や租税相互間の調整（国徴法12以下）なども行われます。

③ 犯則事件のための調査

　かつては国税犯則取締法に定められていましたが，現在は国税通則法に規定されています。犯則嫌疑者に対する**質問・検査・領置**（国通法131①）や**臨検・捜索・差押**（国通法132①）を目的とします。なお，質問・検査は**任意調査**であり，臨検・捜索は，**裁判官の許可状**（国通法132①）を必要とする**強制調査**です。一般的に**査察調査**と呼ばれています（**第30話**参照）。また課税処分のための調査は，犯罪捜査のために認められたものと解してはならない（国通法74の8）と明確な規定があり，裁判例としても「課税調査と称して犯則調査をすることは許されるものではない」（名古屋高判昭和50.8.28税資93号1198頁）とされています。したがって，この犯則事件のための調査と課税処分のための調査には，明確な区別が求められるはずです。しかし，これら2つの調査が同じ行政法規である国税通則法（租税における行政手続法）に規定されています。

　国税通則法1条はその「目的」として，「この法律は，国税についての基本的な事項及び共通的な事項を定め，税法の体系的な構成を整備し，かつ，国税に関する法律関係を明確にするとともに，税務行政の公正な運営を図り，もつて国民の納税義務の適正かつ円滑な履行に資することを目的とする」と規定します。犯則事件のための調査は，形式的には行政手続ですが，検察官への告発を目的（国通法151・152）としていることから，実質的には刑事手続に準ずるものといえます。なお国税通則法はその目的として，「税務行政の公正な運営」と規定し，犯則事件のための調査をあくまでも行政調査と位置づけ，この調査を準刑事手続として捉えていないようです。このような行政手続と準刑事手続との統合は，近年，独占禁止法，金融商品取引法，さらには関税法といった経済法においてみられる傾向ですが，被調査者である納税者の立場からすれば，どちらの調査が行われるのか，行われているのか，はっきりしないことにもなるため，明確な区分が求められます。

(2)　課税処分のための税務調査と適正手続

　かつて課税処分のための税務調査に関する手続規定は，質問検査権の規定（旧所税法234他）のほか，税務職員の身分証明書の携帯義務だけしかありませんでした（旧所税法236他，国通法74の13）。そのため，事前通知の必要性をはじめ，この質問検査権の行使の手続きなどを原因として，納税者との間でいくつものトラブルが発生し，また学説を中心として憲法31条「適正手続の保障」の観点，納税者の権利を保障する必要性から，厳格な解釈論が展開されてきました。こうした中，最高裁は，「質問検査の必要があり，かつ，これと相手方の私的利益との衡量において**社会通念上相当な限度**にとどまるかぎり，権限ある税務職員の合理的な選択に委ねられている」とその方向性を示しました（最決昭和48.7.10刑集27巻7号1205頁）。そしてこの決定により課税庁は，税務職員に裁量が認められることを強調し，課税庁サイドの判断で自由に質問検査権を行使できるといった態度がみられるようになってきました。しかし最高裁は「社会通念上相当な限度」という歯止めをかけていたのです。ただしこの最高裁のいう限度では具体的な範囲がはっきりしません。ですからこの限度については，

いくつもの判例等の積み重ねにより徐々にその中身が明らかにされるのを待つしかありませんでした（例えば，神戸地判昭和51.11.18税資98号 1 頁，最判昭和63.12.20税資166号963頁，大阪高判平成10.3.19判タ1014号183頁など）。しかし納税者からすれば，このような状態をいつまでも待っているわけにはいきません。そのため法律による手当てが望まれてきました。同じように諸外国の例をみても税務調査における人権侵害等が問題となり，各国では**納税者権利章典・納税者権利憲章**が設けられるようになってきました。

　こうした事情のもと，2011（平成23）年度税制改正により国税通則法が改正され，納税者権利憲章の制定が見送られるなど，いくつもの問題点は残されたままではありますが，実地の調査における事前手続（国通法74の 9 ）・事後手続（国通法74の11）については立法化され，一応の手当てがなされました。

【主要諸国での納税者権利章典・納税者権利憲章の流れ】

・フランス	1975年	税務調査における憲章
	1981年	租税手続法典制定
・ドイツ	1977年	租税基本法改正
・カナダ	1985年	納税者の権利宣言，その後，2007年　納税者権利章典を制定
・イギリス	1986年	納税者憲章，1991年　新・納税者憲章（その後改定）
・ニュージーランド	1992年	お客様（納税者）憲章
・アメリカ	1986年	アリゾナ州「納税者権利章典」を制定。以降，各州で続々と同様の章典を制定
	1988年	IRS・納税者としてのあなたの権利（その後改訂）
	1988年	連邦第一次納税者権利保障法（T 1 改革法）制定
	1996年	第 2 次租税手続改革制定
	1998年	第 3 次租税手続改革制定
・オーストラリア	1997年	納税者憲章（その後改訂）
・大韓民国	1996年	国税基本法改正
	1997年	納税者権利憲章
・OECD	1990年	「納税者の権利と義務〜OECD各国の法制調査」発表
・その後，インド，南アフリカ，ルワンダなどの新興諸国を含めて，納税者サービス・スタンダードや納税者憲章を制定・公表，租税手続を整備する国が増加		

＊石村耕治編『現代税法入門塾（第11版）』76頁（清文社・2022年）石村耕治担当を一部加筆

【参考】韓国納税者権利憲章（2018年改正・国税庁告示2018-01号）（筆者訳）

納税者権利憲章

納税者の権利は，憲法と法律により尊重されかつ保障されます。

納税者には，申告等の協力義務を履行しなかった場合や，具体的な脱税の疑いがない限り誠実であると推定され，法令によってのみ税務調査対象として選定され，公正な課税のために必要な最小限の期間と範囲において調査を受ける権利があります。

納税者には，証拠隠滅の恐れなどがない限り，税務調査についてその期間と理由に関して事前に通知を受け，事業上のやむを得ない理由がある場合には調査の延期を要求し，その結果の通知を受ける権利があります。

納税者には，税務代理人の援助を受け，明白な脱税の疑いなどがない限り，重複して調査を受けない権利があり，帳簿書類は，脱税の疑いがあると認められる場合に，納税者の同意のもと，税務官署に一時保管されることがあります。

納税者には，税務調査の期間が延長または中止される場合，調査範囲が拡大される場合，または調査が終了した場合には，その理由と結果を書面による通知を受ける権利があります。

納税者には，違法・不当な処分又は手続きによって権利が侵害された場合や，侵害される恐れがあると認められる場合には，その処分の適法性に対し不服申立てを提起し，救済を受け，納税者保護担当官と納税者保護委員会を通じて正当な権益の保護を受ける権利があります。

納税者には，自己の税務情報について秘密として保護を受け，権利行使のために必要な情報の提供を速やかに受ける権利があり，国税公務員からいつでも公正な待遇を受ける権利があります。

国税庁長官

(3)　課税処分のための税務調査の内容と手続

【課税処分のための税務調査イメージ】

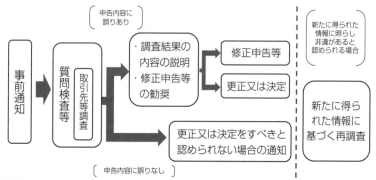

＊国税庁パンフレット「税務手続について～近年の国税通則法等の改正もふまえて」（平成28年4月）を一部加筆

①　事前通知

　2011（平成23）年度税制改正により，**実地の調査**における**事前通知**規定が新設されました。そこでは実地の調査にあたり，原則として事前通知が求められることになりました。ただし，一定の場合，事前通知がなされない場合も税法上，認められました。

> ㈀**税務署長等**は，納税者に対し実地の調査を行わせる場合には，あらかじめ，納税者及び税務代理人に対し，実地の調査を行う旨及び次の事項を通知する。①実地の調査開始日時，②実地の調査を行う場所，③**実地の調査の目的**，④実地の調査対象税目，⑤実地の調査対象期間，⑥実地の調査の対象となる帳簿書類その他の物件，⑦その他政令で定める事項（国通法74の9①）
> ㈁ただし，税務署長等が，納税者の申告・過去の調査結果の内容，その営む事業の内容に関する情報その他国税庁等が保有する情報に鑑み，違法又は不当な行為を容易にし，正確な課税標準等又は税額等の把握を困難にするおそれ，その他国税に関する調査の適正な遂行に支障を及ぼすおそれがあると認めるときには，上記の通知を要しない（国通法74の10）。

　判例はこの調査の目的を公平確実な賦課徴収といっています（前掲最判昭和47.11.22）。ですから実地の調査の「目的」を通知されても意味がありません。事前通知に必要な項目は，質問検査権行使の要件である「必要性」でなければならないはずです。

　また，一定のおそれが合理的に推認できる場合，事前通知がなされないこと

があるのです。そして税法はこれを認めています。しかし，この調査の本質は任意調査です。任意調査にも関わらず，事前通知がなされない場合があること自体に問題が残ります。そもそも一定のおそれが合理的に推認できる場合とは，どのような場合をいうのでしょうか（手続通達5-6〜5-10）。さらに実地の調査の結果，これらのおそれが認められなかった場合にはどうなるのかといった疑問が残るところです。

　なおこの事前通知は，納税義務者の同意を前提に，税理士等の税務代理人にすれば良い，ともされています（国通法74の9⑤）。

②　質問検査権等
(i)　質問検査権

> ・所得税等に関する調査について**必要があるとき**は，納税者等に**質問**し，帳簿書類その他の物件を**検査**し，又は当該物件（その写しを含む。）の**提示若しくは提出を求めること**ができる（国通法74の2〜74の6）。
> ・事前通知した事項以外の事項について非違が疑われることとなった場合には，その通知事項以外の事項についても質問検査等できる（国通法74の9④）。

(ii)　物件の留置き

> ・国税の調査について必要があるときは，当該調査において提出された物件を留め置くことができる（国通法74の7）。

　税務職員が質問検査権を行使するには**必要性**が要求されています。つまり，必要性の認められない調査は違法な調査ということです。そして，この必要性とは「**客観的必要性**（最決昭和48.7.10刑集27巻7号1205頁）」でなければなりません。そのうえで税務職員による質問検査権の行使の権限は，①**質問**，②**検査**，そして③**提示・提出の要求**に限定されているのです。同様に，提出された**物件の留置き**にも必要性が求められています。ただし提示・提出といいますが，その権限の範囲が不明確といわざるを得ません。憲法84条のいう租税法律主義とは，「国民に対して義務を課し又は権利を制限するには法律の根拠を要するという法原則を租税について厳格化した形で明文化したもの」（最判平成18.3.1民集60巻2号587頁）です。それゆえ，「通常の判断能力を有する一般人の理解に

おいて，具体的場合に当該行為がその適用を受けるかどうかの判断を可能ならしめるような基準が読み取れる」（最判昭和50.9.10刑集29巻 8 号489頁）必要があるはずです。

③ 調査終了の際の手続

事前通知規定に合わせて新設されました。なおこの**調査の終了の際の手続**は，更正決定等をすべきと認められない場合と，更正決定等をすべきと認める場合とで異なります。なお，いずれの場合も，納税義務者の同意を前提に，納税義務者への通知等に代えて，税理士等の税務代理人に対してすることができます（国通法74の11④）。

(i) 更正決定等をすべきと認められない場合

【更正決定等をすべきと認められない旨の通知】
　実地の調査を行った結果，更正決定等をすべきと**認められない場合**には，納税者に対し，その時点において更正決定等をすべきと認められない旨を**書面により通知する**（国通法74の11①）。

(ii) 更正決定等をすべきと認める場合

【調査結果の内容説明】
　国税に関する調査の結果，更正決定等をすべきと**認める場合**には，納税者に対し，調査結果の内容（更正決定等をすべきと認めた額及びその理由を含む。）を**説明する**（国通法74の11②）。
【修正申告等の勧奨及び修正申告等に伴う法的効果の教示】
　上記の説明をする場合において，納税者に対し修正申告等を勧奨することができる。
　この場合において，当該調査結果に関し修正申告等の提出があった場合には不服申立をすることはできないが更正の請求をすることはできる旨を説明するとともに，その旨を記載した書面を交付しなければならない（国通法74の11③）。
【理由附記】
　すべての処分（申告等の拒否処分及び不利益処分）について，理由を附記する（国通法74の14①かっこ書き）。

実地の調査の結果，更正決定等をすべきと認められない場合には，書面によりその内容が通知されます。しかし，調査の結果，更正決定等をすべきと認める場合には，書面により通知はなされません。結果説明がなされるだけです。

これは，この後に更正決定等が予定されているからでしょうか。更正決定等がなされる場合，その通知書において理由が示されるからでしょうか。そうであるとすると，この更正決定等と修正申告の勧奨との関係は，どのように理解すればよいのでしょうか（**第26話**参照）。また，ここでの更正の請求と本来の更正の請求との「質」という問題もあります（**第29話**参照）。修正申告をした後に，納税者がその修正申告に対して更正の請求をしたところで，納税者の主張が認められるケースなど，果たしてあるのかということです。

④　再調査

> 　更正決定等をすべきと認められない旨の通知をした後又は調査の結果につき納税者から修正申告等の提出，源泉所得税の納付，若しくは更正決定等をした後においても，新たに得られた情報に照らし非違があると認めるときは，納税者に質問し，質問検査等を行うことができる（国通法74の11⑤）。

再調査は，「新たに得られた情報に照らし非違があると認めるとき」だけに認められることになりました。しかし，更正決定等をすべきと認められない場合の通知との関係で，信義則との問題が発生しないでしょうか。さらに，何のために事前通知で調査対象期間を限定したのかという疑問も残るところです。

⑤　違法な税務調査と課税処分の効力

　税務調査が行われたもののその調査が違法である場合，この調査に基づく課税処分は違法となるのでしょうか。これについて，仮に調査に違法があったとしても直ちに課税処分は違法とはいえないが，調査に著しい違法性がある場合には，課税処分の取消原因になるという見解が支配的です（例えば，東京地判昭和48.8.8行集24巻8＝9号763頁，大阪地判平成2.4.11税資176号483頁）。

⑥　調査と行政指導の峻別

　実地の調査にあたり，事前通知手続と調査終了の際の手続が整備されました。しかし，実際の現場では，**行政指導**の名を借りて，これらの手続きを回避するかのような手法がとられることがあります。例えば，行政指導と称して納税者と接触し，実質的な税務調査が行われることがあるのです。また，税務署長か

ら「所得税の確定申告についてのお尋ね」などのタイトルが付された文書が送付されます。そして，この文書には行政指導と記載しながら，これに従わないときは税務調査や課税処分を行う旨を予告し，これを受け取った納税者は，事実上この指導に応じざるを得ない状況に追い込まれているというケースも見受けられます。行政手続法32条は行政指導の一般原則として，行政指導の内容はあくまでも相手方の任意の協力によってのみ実現されるものであること，行政指導に従わなかったことを理由として不利益な取扱いを受けない旨を規定します。法律の趣旨に従い，調査と行政指導の峻別が求められるところです。

第28話

滞納処分

(1) 滞納処分と国税徴収法

　財政収入のほとんどを租税に依存する国家，いわゆる**租税国家**体制を採るわが国において，税金の滞納問題が重要であることはいうまでもありません。国税徴収法は，**「国税の滞納処分その他の徴収に関する手続の執行について必要な事項を定め」**ます（国徴法1）。ここでは，「国税の滞納処分」と「その他の徴収」といっています。ではこの滞納処分とは何をいうのでしょうか。納税者が納期限までにその確定した国税を任意に完納すれば，その段階で納税義務は消滅します。しかし納税者が完納しない場合に，課税庁が租税債権の強制的実現を図る手続を**滞納処分**といいます。具体的には，差押（国徴法47～81）・交付要求（参加差押えを含む）（国徴法82～85・86～88）・換価（国徴法89～127）・配当（国徴法128～135）などを総称して広く滞納処分といいます。それでは**その他の徴収**とは何をいうのでしょうか。滞納という場合，所得税をはじめとした国税だけに限らず，固定資産税などの地方税，さらには健康保険料なども考えられます。たとえば固定資産税の場合，**国税徴収法に規定する滞納処分の例により徴収する**公課（地税法373⑦）として，健康保険料の場合，**国税徴収の例により徴収する**公課（健康保険法183）として，それぞれ国税徴収法が適用されるのです。つまり国税徴収法はほとんどの公租公課の滞納に適用される法律なのです。

(2)　滞納処分と課税処分との関係 – 違法性の承継

　滞納処分における各手続きはそれぞれ独立した行政処分です。それゆえ，差押・換価・配当など各処分は，それぞれ独立して不服申立て（国通法75）・訴訟（国通法114，行訴法3ほか）の対象となります。しかし，ここには違法性の承継という問題があります。**違法性の承継**とは，先行の処分が違法であった場合に，その違法性が後行の処分に承継されることをいいます。つまり先行処分の違法性が承継されると，後行処分に何らの違法がなくても，その先行処分の違法を理由として後行処分もまた違法であるということになるのです（行判昭和16.1.12行録52輯93頁）（**第29話**参照）。

①　課税処分の違法性は滞納処分に承継されるか

　課税処分とは，**租税債権を確定させる**処分です。一方，滞納処分は**租税債権を強制的に実現**する処分です。ですから両者は，それぞれ別の法的効果を目的とするので違法性の承継はありません。つまり滞納処分へと移行してしまった場合，そこでは課税処分についての異議を主張できないということになるのです（国徴基通47-2，広島高判昭和26.7.4行集2巻8号1167頁参照）。

②　差押処分の違法性は換価処分に承継されるか

　これらの処分はいずれも**租税債権を強制的に実現**するための処分であり，それぞれ目的は同じです。ですからそれぞれの間には違法性の承継が認められます（国徴法171，国徴基通47-1，行判大正15.7.20行録37輯869頁，行判昭和9.7.24行録45輯745頁など）。

【国税の滞納処分の流れ】

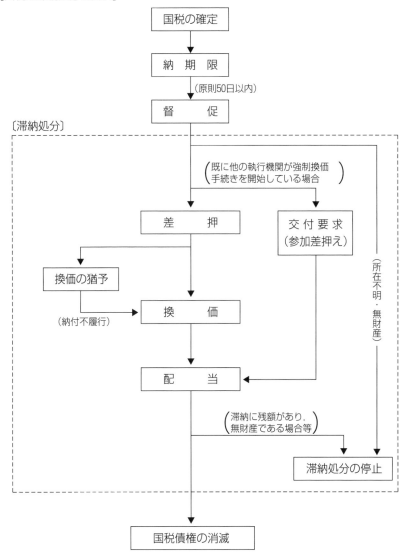

〔滞納処分〕

(3) 滞納と破産

　租税等の請求権は，自己破産による破産手続開始決定がなされた場合でも免責されません（**非免責債権**）（破産法253①一）。そもそも破産法とは，事業や浪費による借金で失敗した人の再スタートのためのルールです。つまり，個人や法人の借金との関係を定めた法律であることから租税の滞納とは関係がないのです。しかし会社など法人の場合，破産手続開始決定により，その法人は解散し破産手続の終了をもって完全に消滅します。債務者である法人が消滅することからその債務も消滅せざるを得ないことになります。そうすると滞納税金なども，破産手続の終了によって消滅することになってしまいます。このような事情から滞納税金の回収は，他の債権と同様，破産手続において弁済や配当によって回収されることになります。しかし，滞納処分とは，租税債権の強制的実現を図る手続きでした。ですから滞納税金には，その他の債権よりも優先的な地位が必要ということになります。このようなこともあり国税徴収法は，国税を，すべての公課その他の債権に先だって徴収すると国税優先の原則を定めているのです（国徴法8）。

(4) 納税義務の拡張

　滞納処分とは，課税庁が租税債権の強制的実現を図る手続きをいいます。強制的に実現を図る手続きですから，滞納者本人からその徴収することができない場合にそなえ，**納税義務の拡張**として，税法は様々な規定を用意しています。例えば，本来の納税者（滞納者）の財産について，滞納処分をしてもなお徴収すべき国税に不足すると認められる場合には，その本来の納税者と特別な関係にある者に，二次的にその納税義務を負わせる制度があります。これを**第二次納税義務**といいます（国徴法32・33～39・41など）。さらに租税の徴収を確実にするため，本来の納税義務者以外の者に連帯して納税義務を負わせる制度として**連帯納付義務**があります（相税法34ほか）。

(5)　国税徴収法の目的と特色

　国税徴収法１条は，「**この法律は，国税の滞納処分その他の徴収に関する手続の執行について必要な事項を定め，私法秩序との調整を図りつつ，国民の納税義務の適正な実現を通じて国税収入を確保することを目的とする**」とその目的を規定します。また，一般的に国税徴収法の特色として，①**国税債権の確保**，②**私法秩序の尊重**，および③**納税者の権利保護**の３点があげられます。

①　国税債権の確保

　国税の適正な徴収は，国の財源の確保という本来の目的のみならず，国税の公平な負担の観点からも重要です。そのため国税徴収法は，(イ)**実体面での国税の優先権**，(ロ)**手続面での自力執行権**を認めています。

(i)　実体面での国税の優先権

　国税徴収法は，納税者の総財産につき，原則として，**すべての公課その他の債権に先だって徴収する**といいます（国徴法８）。このような優先権が与えられているのは，**国税の重要性**と**国税の特殊性**を考慮した結果です。

> ・**国税の重要性**…国税は，国家財政収入の大部分を占め，国家活動の基盤をなすものです（国税の共同費用性）。それゆえ国税の徴収は，国家財政を確保するうえで重要ということです。
> ・**国税の特殊性**…モノの購入などによる私債務は，買う・買わないは自由であり，選択が可能です。しかし，国税債務は，税法に基づき成立することから選択ができません（国税の無選択性）。また国税は直接的な反対給付がありません（国税の無対価性）。それゆえ，国税債務は，私債務に比べ履行の可能性が少ない（後回しにされる）ということです。

(ii)　手続面での自力執行権

　自力執行権とは，債務不履行が生じた場合に，債権者自らが強制手段によって，履行があった場合と同一の結果を実現させる権限をいいます。私法上においては，債権者による自力執行は禁止されています（最判昭和40.12.7民集19巻9号2101頁）。この場合，執行裁判所に申立て，その権利を回復することになるのです（民執法2・22・25等）。司法機関に委ねることで第三者に対する権利擁

護もふまえ，法的安定性や予測可能性が維持されるからです。

　しかし租税の場合，その徴収が**大量性・反復性**を有し，その徴収のために煩雑な手続きを常に要求することが困難であることから，徴収職員に自力執行権が与えられているのです（国徴法2①十一・182①，滞調法2①）。ただしこの自力執行権は，滞納処分において独自に認められる徴収職員の権限です。それゆえこの自力執行権の行使には，合理的かつ妥当な運営が求められるはずです。なお滞納者の生存権（憲法25）との関係など，この自力執行権にはその運用について多くの課題があり，慎重な運用が求められるところです。

②　私法秩序の尊重

　国税の徴収場面では，優先権や自力執行権が付与されているとはいえ，国税債権の確保と**私法秩序の尊重**との調和を図ることが常に求められます。そのため国税徴収法は，第三者の権利を保護するための措置を講じているのです。

(i)　国税の優先権の制限

　国税徴収法による差押と民法の担保債権等が，同じ財産上で競合した場合にどちらを優先するのかという問題です。国税徴収法はその基準を**法定納期限等**としています（国徴法15①）。法定納期限等は，具体的に国税の存在を知ることができる時期だからです。つまり，私債権における抵当権等の設定日と，差押の対象となる滞納税金の法定納期限等とを比べ，どちらが先なのかによりその優先順位を判定するということにしているのです。国税徴収法は，このように法定納期限等を基準とすることにより，第三者の権利が不当に損なわれないよう**私法秩序との調整**を図っているのです（国徴法15～25）。そのほか国税徴収法では，「**国税と地方税との調整**」（国徴法12～14）」，「**国税及び地方税等と私債権との競合の調整**」（国徴法26）についても定めます。また滞納処分に関する規定は国税徴収法に，強制執行等に関する規定は民事執行法などに定められていることから，その調整を図るためのルールとして「**滞納処分と強制執行等との手続の調整に関する法律**」があります。

(ii)　第三者の権利保護

　第三者の権利保護として，国税徴収法は以下のような配慮をしています。

①差押財産の選択に当って第三者の権利尊重（国徴法49，国徴基通47-17⑴）
②第三者の権利の目的となっている財産が差押えられた場合の差押換の請求（国徴法50）
③交付要求・参加差押えの解除の請求（国徴法85・88①）

③　納税者の権利保護

また国税徴収法には，以下のような納税者の権利保護規定もあります。

①納税の緩和制度
・換価の猶予（国徴法151・151の２）
・滞納処分の停止（国徴法153・154）
・納税の猶予（国通法46）・徴収の猶予（国通法105②，所税法118ほか）
②超過差押および無益な差押の禁止など
・超過差押および無益な差押の禁止（国徴法48）
・差押禁止財産（国徴法75〜78）

　このように国税徴収法は，いくつかの納税者の権利保護のためのルールを用意しています。それゆえ国税徴収法の特色として「納税者の権利保護」がいわれるのです。しかし，国税徴収法１条の目的規定は「納税者の権利保護」という言葉を使用していません。滞納処分とは，課税庁が租税債権の強制的実現を図る手続きでした。それゆえ徴税職員には，自力執行権という絶大な権限が認められています。ただし，その運用は慎重でなければなりません。滞納者といえども，その生存権（憲法25）が尊重されなければならないからです。このような実情から，その目的規定に「納税者の権利保護」という文言が加えられるべきです。

　行政手続一般を定めた法律として**行政手続法**があります。国税徴収法とこの行政手続法との関係は**特別法**と**一般法**ということになります。ここでは**特別法優先の原則**から，滞納処分では国税徴収法が優先されます。ですから国税徴収法に規定がない場合に，行政手続法が適用されるのです。なお行政手続法の多くは，税法分野において適用除外とされています（行手法３①，国通法74の14）。ただし行政手続法１条「目的等」は適用除外とされてはいません。同法１条１項は，「…行政運営における公正の確保と透明性の向上を図り，もって国民の権利利益の保護に資することを目的とする」と規定します。この規定から，国

【国税徴収法の基本体系（概要）】

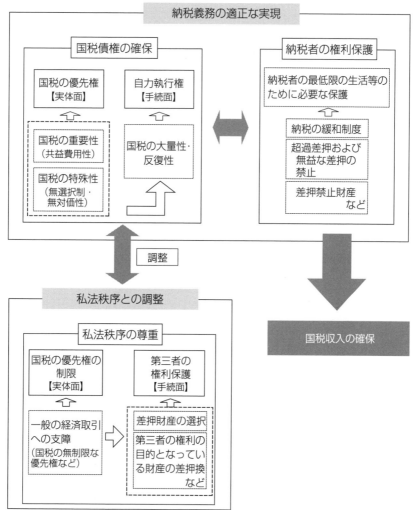

＊安藤裕編『平成27年版　図解国税徴収法』8頁（大蔵財務協会 2015年）を一部加筆

税徴収法の目的にも「国民の権利利益の保護」が加えられるはずです。そして，これにより納税者の権利保護は，国税徴収法の特色に留まらずその目的となるはずです。国税徴収法は，課税庁に強力な権限を認めた法律です。それゆえその運用には，納税者の権利保護が念頭に置かれなければならないのです。

租税救済法

第**29**話

租税救済法

(1)　租税救済法の概要

　租税法律主義から導き出される原則の１つに税務行政の合法律性があります。これは課税庁に，租税法律の規定するところに従って，厳格に租税の賦課・徴収をしなければならないことを要請するものです。しかし現実問題として，課税庁に法律違反があった場合，これを放置したままでは租税法律主義が意味をなさないことになってしまいます。そのため争訟を通じ納税者の権利を救済する制度が要請されるのです。つまり租税救済法とは，租税法律主義の１つの内容として捉えることもできます。

　行政上の権利救済制度には，行政庁に対する**不服申立て**と裁判所に対する**訴訟**とに区別されます。前者は**行政不服審査法**に，後者は**行政事件訴訟法**にそれぞれ定められています（なお，不服申立てと訴訟をあわせて**争訟**といいます）。ただし，国税についての不服申立てについては，国税通則法第８章第１節「不服審査」に詳細な規定があるため，行政不服審査法が適用される場面は少ないというのが現実です。

　行政事件訴訟法は，行政処分の取消しを求める訴訟について，不服申立前置主義を廃止し，直接裁判所に出訴するか，不服申立てを経たうえで出訴するか，その選択を認めています（行訴法８①）。しかし，国税通則法は，不服申立てを経なければ出訴することができない旨を定め，不服申立前置主義を求めます（同法115①）。なおこの**不服申立前置主義**とは，訴訟の前に行政上の不服申立てをし，これによる裁決を経ることを強制する制度をいいます。

　国税における処分について不服がある場合，納税者はこの不服申立前置主義

に従い，その処分があったことを知った日から 3 か月以内（国通法77①）に，国税不服審判所長に直接**審査請求**を行うか，その処分をした税務署長等に**再調査の請求**を行うことになります（国通法75①）。再調査の請求の場合，税務署長等は再調査に対する決定を行います（国通法83）。納税者はこの決定に異議がある場合，決定の通知を受けた日の翌日から 1 か月以内に，国税不服審判所長に審査請求をし（国通法75③・77②），国税不服審判所長は調査・審理ののち裁決します（国通法98）。なおこの裁決に対しても不服がある場合，納税者は，その裁決があったことを知った日の翌日から 6 か月以内に，裁判所に訴訟を提起することができるのです（国通法114，行訴法14①）。

　どちらを選択すべきかについては，①事実関係について疑義がある場合には再調査の請求が，②税法や関連通達等の解釈に関する事案であるならば審査請求が，ということがいわれます。しかし実際の税務争訟事案において，それが事実関係の争いなのか，法令解釈の争いなのか，明確に判断できる場面は少ないというのが実情です。

(2)　執行不停止の原則と不服申立期間

　納税者による不服申立て・訴訟，それぞれ各段階において審理されるのは，原処分（たとえば，税務署長等による処分）です。これを**原処分主義**といいます。

　なお，この納税者による不服申立てがあった場合でも，この不服申立ての提起という理由だけでは，その課税処分の効力・処分の執行または手続きは停止しません（国通法105①）。これを**執行不停止の原則**といいます。ですから納税者が課税処分を受けた場合，課税処分に理由がなく違法だとしても，その課税処分による納税を拒否することはできないのです。この課税処分に対し，不服申立てまたは訴訟によりその取消しが認められない限りは，納税を拒否していると滞納処分へと移行することになるからです。これは行政法の通説における**公定力**によるものです。この公定力により，行政行為は仮に違法であっても，取消権限のある機関によって取り消されるまでは，その効力は否定できないのです（例えば，最判昭和30.12.26民集 9 巻14号2070頁）（**第 6 - 1 話**参照）。さらには**違法性の承継**という問題もあります。この違法性の承継により，不服申立て期間

を徒過してしまった場合，その課税処分については不服申立てを提起すること
ができなくなります（**不可争力**）（**第28話**参照）。ですから，不服申立て・訴訟
とは，有効性の推定（公定力）を履し，不可争力にストップをかける納税者の
作業ということになります。

(3) 再調査の請求

　再調査の請求は，処分があったことを知った日の翌日から3か月以内（国通
法77）に，**再調査の請求書**の提出により行われます（国通法81・82）。税務署長
等は，**職権主義**のもと原処分が正しかったのかどうかを検討し，その結果を**再
調査決定**として納税者に通知します（国通法83）。ちなみに，納税者に不利益
となる再調査決定はできません。

【再調査の請求の状況】

区　分	再調査の請求件数	伸び率	処理済件数	請求認容件数	割合
	件	％	件	件	％
2016年度	1,674	△ 47.5	1,805	123	6.8
2017	1,814	8.4	1,726	213	12.3
2018	2,043	12.6	2,150	264	12.3
2019	1,359	△ 33.5	1,513	187	12.4
2020	1,000	△ 26.4	999	100	10.0
2021	1,119	11.9	1,198	83	6.9

(注) 1　2015年度以前は，全て「異議申立て」に係るものである。
　　　2　2016年度以降について，税務署長等の処分が2016年3月31日以前に行われている
　　　　　場合は，「異議申立て」に係るものである。
＊国税庁統計情報「不服審査・訴訟事件関係」より
（https://www.nta.go.jp/publication/statistics/kokuzeicho/sonota2021/pdf/R03_20_
fufukushinsa.pdf一部加筆）

(4) 国税不服審判所

　審査請求の状況と国税の不服申立制度の概要は以下のようになっています。

【審査請求の状況】

区　分	審査請求件数	伸び率	処理済件数	認容件数	割合
	件	％	件	件	％
2016年度	2,488	18.6	1,959	241	12.3
2017	2,953	18.7	2,475	202	8.2
2018	3,104	5.1	2,923	216	7.4
2019	2,563	△ 17.4	2,846	375	13.2
2020	2,237	△ 12.7	2,328	233	10.0
2021	2,458	9.9	2,282	297	13.0

＊国税庁統計情報「不服審査・訴訟事件関係」より
（https://www.nta.go.jp/publication/statistics/kokuzeicho/sonota2021/pdf/R03_20_fufukushinsa.pdf一部加筆）

　再調査の請求・審査請求のいずれも，納税者の主張が認められた割合が非常に低くなっていることがみてとれます。何か制度的問題点があるようにも思います。

①　国税不服審判所とその問題点

　国税不服審判所は，国税に関する法律に基づく処分についての審査請求に対する裁決を行うことを目的とした国税庁の付属機関です（国通法78）。ただし，執行機関である税務署や国税局から独立した第三者的機関とされています。

　国税不服審判所では，審査請求書が提出される（**審査書面主義**〔国通法87・93ほか〕）と，審査請求人と税務署長等原処分庁，両者の主張を聴き，必要に応じて自ら調査を行い審理のうえ**裁決**を行います。この裁決は行政部内の最終判断であり，原処分庁はこれに不服があっても訴訟を提起することはできません（国通法102）。一方，審査請求人は，裁決に不服がある場合，裁決から6か月以内に裁判所へ訴えの提起をすることができます。

　国税不服審判所は，その前身である**協議団**制度よりも第三者性を重視して，1970（昭和45）年に創設されました。しかし，第三者性がいわれるものの，国税不服審判所はあくまでも国税庁の機関です。同時に国税審判官の身分も，民間専門家（弁護士や税理士，公認会計士等）からの外部登用を含め，税務署等の職員と同じ税務行政官です。さらに国税不服審判所と税務署等との間では頻繁に人事交流がなされます。これでは執行機関から独立した第三者的機関とはいい難いのではないでしょうか。確かに税法という専門分野における審理を担

【国税の不服申立制度の概要図】

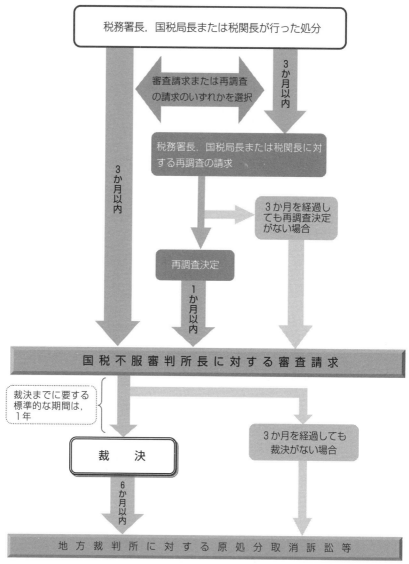

(注)　国税庁長官が行った処分に不服がある場合は，国税庁長官に対する審査請求を経て，訴訟を提起することができます。なお，国税不服審判所長に対する審査請求をすることはできません。

＊国税不服審判所パンフレット「審判所ってどんなところ？～国税不服審判所の扱う審査請求のあらまし」を一部加筆

当するという特殊性から，専門的知識が要求され，税務職員経験者を審判官に登用することを否定できません。しかし，権利救済機関として第三者性・独立性をさらに高めるためには，国税不服審判所を内閣府へ移管するなど，国税庁から引き離す必要があります。同時に，いったん審判官に登用された者は復職せず終身審判官のままとし，そのうえで民間専門家の登用も進めていくといった改革も求められます。

②　税務通達と裁決

　国税不服審判所は国税庁の内部組織です。しかしその立場は第三者的機関とされています。ですから国税不服審判所長が，国税庁長官による通達に基づく法令解釈と異なる解釈により裁決することは可能です。ただし，この場合もしくは法令解釈の重要な先例となる裁決をする場合には，あらかじめその意見を国税庁長官に通知することが要求されます（国通法99①）。これは，租税負担の公平を図るため・税務行政の混乱を防ぐためと説明されます。国税庁長官は，この通知があった場合，国税審議会国税審査分科会にその通知内容を諮り，その議決に基づいて国税不服審判所長に指示しなければなりません（国通法99②③）。しかし，国税不服審判所長が国税庁長官の指示を求めた実績は，その発足以来約50年間で数件しかありません。また裁判所も通達と異なる判断をすることには消極的です。こうした状況のもと，国税不服審判所の存在意義を高めるためには，国税庁長官の指示を求めるこの手続きは廃止し，国税不服審判所長に通達の審査権限を制度的に保障する必要があります。国税不服審判所は，これによりその独立性がさらに高まり，納税者の権利救済機関としての存在意義も高まることになるはずです。

③　修正申告の勧奨と不服申立前置主義

　この再調査の請求・審査請求には，**修正申告の勧奨**（国通法74の11③）という問題があります。国税通則法は，納税申告書に記載された課税標準または税額等の計算が税法規定に従っていなかったとき，または調査したところと異なるときには，税務署長はこれを更正すると定めます（国通法24）。しかし，実務の現場では，そのほとんどが修正申告の勧奨により修正申告書を提出してい

るという実態があります。本来，この修正申告は納税者の意思で自主的に行われるべきものです。なおこの修正申告書の提出により争うべき更正処分がなくなり，不服申立てをすることができなくなります（国通法74の11③）。つまり，この修正申告の勧奨が，実質的にこの不服申立ての権利を奪っているということにもなるのです。ただし，この場合でも更正の請求はできることから，一概に納税者の権利が奪われているとはいえないといわれます。しかし，ここでいう更正の請求は，税務調査の結果，修正申告の勧奨を受けての修正申告に対する更正の請求です。この更正の請求に対して，その修正申告の勧奨をした税務署長はこれを認めるのでしょうか。また更正の請求による税務署長の更正は税務調査を前提とします（国通法24）。このように，本来税法が予定する更正の請求（国通法23）とではその「質」に違いがあります。また，より民主的な税制を構築するには多くの意見と議論が必要なはずです。不服申立て・訴訟といった争訟の場面では，様々な議論が繰りひろげられるはずです。この修正申告の勧奨は不服申立権・裁判を受ける権利（憲法32）のみならず，わが国の財政民主主義に大きな課題を残すことにならないでしょうか（**第26話**，**第27話**参照）。

　なお2016（平成28）年までは，この再調査の請求（当時は**異議申立て**といっていました）と審査請求の２段階の不服申立てが求められていました。この２段階の前置制度に多くの批判があったものの，最高裁は，「その趣旨は，国税の賦課に関する処分が大量かつ回帰的なものであり，当初の処分が必ずしも十分な資料と調査に基づいてされえない場合があることにかんがみ，まず，事案を熟知し，事実関係の究明に便利な地位にある原処分庁に対する不服手続きによってこれに再審査の機会を与え，処分を受ける者に簡易かつ迅速な救済を受ける道を開き，その結果なお原処分に不服がある場合に審査裁決庁の裁決を受けさせることとし，一面において審査裁決庁の負担の軽減をはかるとともに，他面において納税者の権利救済につき特別の考慮を払う目的に出たものであり，税務行政の特殊性を考慮し，その合理的対策としてとらえた制度であることは明らかである」と判示しました（最判昭和49.7.19民集28巻５号759頁）。確かにこのような利点は認められるものの，すべてにおいて２段階の前置主義を採らねばならない合理的な理由はないようにも思われます。国税通則法の一般法であ

る行政不服審査法が2014（平成26）年に改正されました。この改正は，①公正
性の向上，②使いやすさの向上，③国民の救済手段の充実・拡大の観点からな
されたものでした。この改正に伴い国税通則法も改正され，再調査の請求は選
択となりました。これには納税者の利便性の観点から評価することができます。
しかし，裁判を受ける権利の観点からすれば，不服申立てを経て訴訟とするか
直接裁判所へ訴訟として提起するか自体を，納税者の選択に委ねるべきです。

(5)　税務訴訟

①　行政事件訴訟法による訴訟類型

　税務訴訟では**行政事件訴訟法**が適用されます。なお行政事件訴訟法による訴
訟類型は次のとおりです。

【行政事件訴訟法による訴訟類型】

行政事件訴訟 （行訴法2）	主観訴訟	抗告訴訟 （行訴法3①）	取消訴訟 （処分の取消しの訴え）（行訴法3②） （裁決の取消しの訴え）（行訴法3③）
			無効等確認の訴え（行訴法3④）
			不作為の違法確認の訴え 　　　　　　　　　　（行訴法3⑤）
			義務付けの訴え（行訴法3⑥）
			差止めの訴え（行訴法3⑦）
			無名抗告訴訟 （法定外抗告訴訟）
		当事者訴訟 （行訴法4）	形式的当事者訴訟
			実質的当事者訴訟
	客観訴訟	民衆訴訟（行訴法5）	
		機関訴訟（行訴法6）	

②　税務訴訟の類型

　行政事件訴訟法は，いくつもの訴訟類型を用意しますが，税務訴訟という場
合，最も一般的なものは**取消訴訟**です。課税庁の処分が違法であるとして，そ
の取消しを求める訴訟です（行訴法3②③・8）。具体的には，課税処分・滞納

処分・不服申立てに対する決定・裁決の取消しを求める訴訟などがこれにあたります。この場合，訴訟に先立ち不服申立てが求められ（不服申立前置主義），原則として，審査請求に対する裁決があったことを知った日から 6 か月以内に提起しなければなりません。この期間を**出訴期間**といいます（国通法114，行訴法14①）。この出訴期間を過ぎれば，訴えを提起しても却下されることになります。このほかに**無効等確認訴訟**という訴訟もあります。これは，課税庁の処分等・再調査決定または裁決の違法性が**重大かつ明白**であるとして，無効であることの確認を求める訴訟です（行訴法 3 ④・36）。この場合，不服申立前置主義や出訴期間という制約はありません。しかし，課税処分の瑕疵が重大かつ明白であることを要件とすることから，これが認定されるケースはほとんどないのが現状です。このほかにも，課税庁職員の違法な公権力の行使によって受けた損害の賠償を，国または公共団体に求める訴訟として**国家賠償請求訴訟**があります（国賠法 1 ①）。

　なお，取消訴訟の状況は以下のとおりです。ここでも納税者の主張が認められた割合が非常に低いことがみてとれます。やはり制度的な問題点がありそうです。

【国を被告した訴訟状況】

区　分	訴訟提起件数	伸び率	訴訟終結件数	原告勝訴件数	割合
	件	％	件	件	％
2016年度	230	△ 0.4	245	11	4.5
2017	199	△ 13.5	210	21	10.0
2018	181	△ 9.0	177	6	3.4
2019	223	23.2	216	21	9.7
2020	165	△ 26.0	180	14	7.8
2021	187	13.3	199	13	6.5

＊国税庁統計情報「不服審査・訴訟事件関係」より
（https://www.nta.go.jp/publication/statistics/kokuzeicho/sonota2021/pdf/R03_20_fufukushinsa.pdf一部加筆）

③　制度的問題点

(i)　裁判所調査官

　裁判所調査官とは，裁判官の指示により，租税に関する事件の審理および裁判に関して必要な調査を行う裁判所職員をいいます（裁判所法57）。租税裁判に

おける裁判所調査官は，東京地方裁判所と大阪地方裁判所に配置されていますが，国税庁からの出向者であり，出向期間経過後は国税庁に復職します。この調査官の意見が判決にどのくらい影響を及ぼすかは別としても，国税庁からの出向者をその判決に影響を与える可能性のある調査に関与させることは，本来中立であるはずの裁判所に不信感を与えることになります。なお現在，この裁判所調査官は税理士からの登用も行われています。

(ii) 判検交流

判検交流とは，裁判官と検察官の人事交流のことです。税務訴訟における訟務検事の多くは，法務省訟務局租税訟務課に出向している裁判官なのです。訴訟の現場において国の代理人の中心となっている者が，数年して裁判官に戻り税務訴訟を担当しているのです。この判検交流につきかつて政府は，「国民の期待と信頼にこたえ得る多様で豊かな知識，経験等を備えた法曹を育成，確保するため，意義あるもの」との意見を表明しました。しかし，行政庁への出向により，行政庁としてのモノの見方・考え方に染まってしまうのではという疑問も残り，中立性・公正さの視点から問題があります。これらの批判を受け刑事事件についての判検交流は，2012（平成24）年4月以降廃止となりました。現在もそのほかの分野で縮小傾向にあるようです。

(iii) 指定代理人

指定代理人とは，法務大臣が，課税庁職員を指定して訴訟を行わせる場合のこの指定された職員をいいます（国の利害に関係のある訴訟についての法務大臣の権限等に関する法律2・5①・6②）。税務訴訟においては，訟務検事と共同で活動できる者として，法曹資格のない課税庁職員がこの職に就きます。この指定代理人は，訴訟の段階で新たな証拠収集のため質問検査権を行使し，訴訟の相手方である納税者に質問をし，答弁を求めることがあります。そしてこのような調査を裁判所も認めています（広島高判昭和63.5.30行集39巻5＝6号415頁，最判平成9.10.17税資229号30頁）。これでは訴訟上，納税者と国は対等な立場とはなりえません。

　これらの問題に対しては，2002（平成14）年から，税理士に**補佐人**としての**出廷陳述権**が認められました（税理法2の2）。この制度を活用し対処することが期待されます。

④ 訴訟物-総額主義と争点主義

総額主義とは，課税処分に対する審理の対象は，それによって確定された税額の適否であるとする立場です。この考え方は，取消訴訟の訴訟物は，行政処分の違法性一般であるとする行政法の通説よるものです。したがって，ここでは**理由の差替え**は，審査請求の審理または訴訟における口頭弁論の終結時まで，原則として自由に認められることになります。

一方，**争点主義**とは，課税処分に対する争訟の対象は，処分理由との関係における税額の適否であるとする立場です。それゆえここでは理由の差替えは，原則として認められません。

もう少し具体的にみてみます。税務調査の結果，申告した所得のほかに事業所得が100万円あったとして更正処分を受けてしまいました。そんな所得はないとして訴訟を提起しました。審理の途中で確かに事業所得100万円はなかった，しかし，ほかに所得が100万円ある。だからこの更正処分は適法だとするのが総額主義の立場です。ここでは審理の対象は，その年の所得税額はいくらかということになります。一方，争点主義の立場では，事業所得100万円がなかった以上，この更正処分は違法だということになるのです。ここでは更正処分の理由そのものが争われるのです。

では判例はどのような立場をとっているのでしょうか。判例は白色申告の場合，審査請求についても（最判昭和49.4.18訟月20巻11号175頁ほか），取消訴訟についても（最判昭和36.12.1訟月14巻2号191頁ほか），総額主義の立場から理由の差替えを認めてきました。なお青色申告の場合は，「一般的に青色申告書による申告についてした更正処分の取消訴訟において更正の理由とは異なるいかなる事実をも主張することができると解すべきかどうかはともかく」という一定の制約のもと，理由の差替えを認めています（最判昭和56.7.14民集35巻5号901頁）。

青色申告に対する更正処分には**理由附記**が求められます（所税法155②，法税法130②）。また，白色申告の場合も事業所得者等に対する更正・決定には，不利益処分に対する理由の提示の規定（国通法74の14①かっこ書き，行手法8・14）が適用されます。この理由附記について最高裁は，「一般に，法が行政処分に理由を附記すべきものとしているのは，処分庁の判断の慎重・合理性を担

保してその恣意を抑制するとともに，処分の理由を相手方に知らせて不服の申立に便宜を与える趣旨に出たものである」としています（最判昭和38.5.31民集17巻 4 号617頁）。しかし，理由の差替えを自由に認めることは，理由を示さずに処分をすることと結果的に同じことであり，せっかく理由附記を求めた法律の趣旨が失われることになります。しかし判例は，原処分の理由とされた基本的課税要件事実の同一性が失われない範囲では，理由の差替えは認められるというのです。これにより納税者に格別の不利益を与えるものではないからとの理由によります（前掲最判昭和56.7.14）。

⑤　国税不服審判所と争点主義

なお国税不服審判所創設にあたり議論となったものとして，この総額主義と争点主義の問題がありました。しかしその附帯決議（1970〔昭和45〕年 3 月24日参議院大蔵委員会）において，争点主義の精神を生かして運営されるべきであるとされたことから，国税不服審判所の審議は当初から争点主義的運営が基本方針とされています。

租税処罰法

第**30**話

租税処罰法

(1)　租税刑法の一般刑法化

　戦前は，租税犯を実質的に国庫に損害を与える不法行為としてとらえ，租税犯に対する罰則も，実質的に損害賠償としてとらえていました。しかし今日，租税刑法は一般刑法同様，**責任主義**に立脚した理論構成となっています。これは罰則規定の変遷を見ても明らかです。なお罰則規定のおおまかな沿革は次のようになります。

　1944（昭和19）年までは，刑罰は罰金・科料の**財産刑**に限られ，またその金額は脱税額の何倍とされ，裁判官の裁量の余地を認めない定額財産刑主義を採用していました。また自首があった場合，国に損害を与えることにならないため**自主不問罪**などの規定がありました。さらにそこでは刑法総則の多くの規定も排除されていました。

　1944（昭和19）年改正では間接税への懲役刑・両罰規定が導入され，財産刑についても量刑に裁量の余地を認めました。1947（昭和22）年の改正では，直接税にも懲役刑・両罰規定が導入され，定額財産刑主義・自主不問罪が廃止されました。そして1962（昭和37）年の改正では，**刑法総則**の適用排除が全面廃止されました。このように租税犯に対する罰則は，今日，一般刑法とほとんど差異はありません。さらに1980（昭和55）年頃から，国税脱税犯に**懲役刑**を科す例がみられるようになったことも，**租税刑法の一般刑法化**を裏づけるものといえます。

(2) 租税犯とは

　租税犯とは，租税の賦課・徴収および納付に直接関連する犯罪の総称です。税法は違反行為に対して２つの側面から制裁を用意しています。１つは，適正な納税義務の実現を確保するための**行政上の措置**として**加算税**を課しています。もう１つは，脱税など不正行為の反社会性・反道徳性に着目して**刑事罰**を科しているのです。そして，この刑事罰による処罰の対象とされる行為を，一般的に租税犯とよんでいます。

【租税犯の区分】

租税犯
（広義）
- 租税の納付，賦課，徴収に直接関連しないもの（秘密漏えい罪等）
- 租税の納付，賦課，徴収に直接関連するもの（狭義の租税犯）
  - 脱税犯…国の課税権を直接侵害する行為を内容とする犯罪（ほ脱犯，受還付犯，不納付犯，酒類等の無免許製造犯など）
  - 秩序犯…国の課税権の正常な行為を阻害するおそれのある行為を内容とする犯罪（課税上の協力義務違反の罪，職務妨害の罪）

＊税大講本『国税通則法（基礎編）令和４年版』136頁一部加筆

(3) 行政上の措置

　行政上の措置には，附帯税としての**加算税**があります。毎年100件程度の査察調査が実施され，その75％程度の割合で告発されています。また告発されたうち起訴されたものは，一審段階でほぼ100％の割合で有罪となっています【図表30－１】。その一方で毎年30万件程度の実地の調査が行われ，4,700億円にもおよぶ追徴税額があります【図表30－２】。そして，そこでは加算税が賦課されています【図表30－３】。国税庁によれば，「特に大口・悪質な脱税をした者に対しては，税金を納めさせるだけでなく，懲役又は罰金という刑罰を科すため，査察調査という特別な調査を行っています」と査察調査の運用について説明します。つまり，大口・悪質な脱税については査察調査を，軽微な脱税

については，行政上の制裁である加算税で処理する運用がなされているのです。

【図表30－1】

【査察調査の状況】

	着手件数	処理件数	告発件数	脱税総額
2020年度	111件	113件	83件	9,050百万円
2021年度	116件	103件	75件	10,212百万円

＊なお，脱税額には加算税を含む

【査察事件の一審判決の状況】

	判決件数①	有罪件数②	有罪率　②/①
2020年度	87件	86件	98.9%
2021年度	117件	117件	100%

＊国税庁『国税庁レポート2022』34頁一部加筆

【図表30－2】

【実地調査の件数】

	2018年度	2019年度	2020年度
申告所得税	7.4万件	6.0万件	2.4万件
法人税	9.9万件	7.6万件	2.5万件
消費税	13.3万件	10.5万件	3.6万件
相続税	1.2万件	1.1万件	0.5万件
合　計	31.8万件	25.2万件	9.0万件

【実地調査における追徴税額】

	2018年度	2019年度	2020年度
申告所得税	961億円	992億円	533億円
法人税	1,943億円	1,644億円	1,207億円
消費税	1,099億円	1,004億円	862億円
相続税	708億円	681億円	482億円
合　計	4,711億円	4,321億円	3,084億円

＊国税庁『国税庁レポート2022』30頁一部加筆

【図表30－3】

【申告所得税における加算税状況・2019年分】

	人　数	金　額
過少申告加算税	9,777人	8.22億円
無申告加算税	15,083人	6.52億円
重加算税	1,608人	5.99億円
合　計	26,468人	20.73億円

＊国税庁統計情報（申告所得税「既往年分の課税状況」）を基に作成
https://www.nta.go.jp/publication/statistics/kokuzeicho/shinkoku2020/pdf/02_kazeijokyo.pdf

① 加算税

　加算税とは，申告納税制度の定着と発展を図るため，申告義務が適正に履行

されない場合に課されるもので，一種の**行政制裁**的な性格を有するものです。国税通則法は，この加算税を，本税とは異なる**附帯税**の一種として捉えています（国通法2四）。具体的には，**過少申告加算税**（国通法65）・**無申告加算税**（国通法66）・**不納付加算税**（国通法67）および**重加算税**（国通法68）があります。

②　加算税の概要

加算税制度の課税要件，課税割合等はおおむね以下のとおりとなっています。

名称	課税要件	課税割合 （増差本税に対する）	不適用・割合の軽減	
			要件	不適用・軽減割合
過少申告加算税	期限内申告について，修正申告・更正があった場合	10% （期限内申告税額と50万円のいずれか多い金額を超える部分（※）） 15%	・正当な理由がある場合 ・更正を予知しない修正申告の場合	不適用
無申告加算税	①期限後申告・決定があった場合 ②期限後申告・決定について，修正申告・更正があった場合	15% [50万円超の部分] 20%	・正当な理由がある場合 ・法定申告期限から1月以内にされた一定の期限後申告の場合	不適用
			更正・決定を予知しない修正申告・期限後申告の場合	5%
不納付加算税	源泉徴収等による国税について，法定納期限後に納付・納税の告知があった場合	10%	・正当な理由がある場合 ・法定納期限から1月以内にされた一定の期限後の納付の場合	不適用
			納税の告知を予知しない法定納期限後の納税の納付の場合	5%
重加算税	仮装隠蔽があった場合	過少申告加算税・不納付加算税に代えて 35% 無申告加算税に代えて 40%	（※の例） 修正申告により 納付すべき税額 申告納税額 250万円 50万円 } 15% 100万円 } 10% 期限内申告 100万円	

＊財務省webサイトhttps://www.mof.go.jp/tax_policy/summary/tins/n04_3.pdfを一部加筆

③　延滞税と利子税

　附帯税にはこれら加算税のほか，延滞税と利子税があります。**延滞税**とは，納税者が納付すべき国税を法定納期限までに納付しない場合，期限内に納付した者との公平を図る目的から課すものです。納付遅延に対する**遅延利息**にあたるものです（国通法60①）。**利子税**とは，延納または納税申告書の提出期限の延長が認められた期間内について課すもので（国通法64①），民事における**約定利息**に相当するものです。

④　正当な理由がある場合

　加算税のなかでも最も納税者と関わり深いのが過少申告加算税です。税務調査により非違が発覚すると対象となるからです。そして，この過少申告加算税が課されない場合の１つに**正当な理由がある場合**があります（国通法65④一）。この正当な理由は典型的な不確定概念です。裁判例ではこれを憲法31条「適正手続の保障」には反しないとするものがあります（横浜地判昭和51.11.26訟月22巻12号2912頁）。ただし，課税庁に恣意的な適用・解釈を許したわけではありません。最高裁は，この正当な理由がある場合を，「真に納税者の責めに帰することができない客観的な事情があり，過少申告加算税の趣旨に照らしても，なお，納税者に過少申告加算税を賦課することが不当又は酷になる場合」としています（最判平成18.4.20民集60巻４号1611頁）。かねてからこれら加算税の取扱いについては，その不透明さが指摘されていました。これらの批判から国税庁は，各加算税の取扱いについての**事務運営指針**を公表し，透明化に努めています。しかし，実際の各加算税の取扱いにあたっては，課税庁の裁量の幅も広く，いまだ争いが絶えません。ことさら重加算税の場合，特にその負担が重いことからも，その理由を附記するなどの改革が求められます。

⑤　罰金と重加算税

　重加算税とは，事実の全部または一部を**隠ぺい**または**仮装**することによって，過少申告・無申告または源泉徴収等による国税の不納付がなされた場合に，過少申告加算税・無申告加算税または不納付加算税に代えて，特に重い負担を課する附帯税です（国通法68①②③）。しかし実質的に重加算税が罰金と同様に機

能していることをみれば，脱税が発覚し，本税のほか重加算税および延滞税が課されさらに刑罰・罰金が科されるならば，憲法39条が禁止する**二重処罰**に該当するとする学説も少なくありません。これについて最高裁は，重加算税は，「行政手続により違反者に課せられるもので，これによつて…納税義務違反の発生を防止し，もつて徴税の実を挙げようとする趣旨に出た行政上の措置であり，違反者の不正行為の反社会性ないし反道徳性に着目してこれに対する制裁として科せられる刑罰とは趣旨，性質を異にするもの」との理由から二重処罰には当たらないと判示しました（最判昭和45.9.11刑集24巻10号1333頁）。しかし，立法論的観点からすれば，両者の適用範囲を明確に区分すべきです。

(4)　租税犯則調査と処罰手続

　税法に定める罰則は，すべて刑罰を科するものであることから，租税犯については，刑事訴訟法に従って捜査機関が捜査し，裁判所で審理すべきものです。しかし，租税犯則事件の場合，租税犯の証拠収集と判断に特別の知識と経験が必要とされます。またその件数が多いなどの理由から，国税の犯則調査・処罰については，税法に特別な手続きが定められています。

　その1つとしては，税務職員に犯則事件のための調査権が付与されていることがあげられます（国通法131・132）。この調査権は形式的には行政手続ですが，告発を目的としていることから実質的には刑事手続に準ずるものといえます（**第27話**参照）。

　犯則事件の手続きは，直接国税の犯則事件と間接国税の犯則事件とで異なります。所得税・法人税等といった**直接国税の犯則事件**の場合，課税庁職員は，犯則の事実があると思われるときは，検察官に告発しなければなりません（国通法155）。そしてその後，検察官の手で刑事訴訟法に定める手続きにより処理されることになります（国通法159）。

　一方，酒税・たばこ税および関税等の**間接国税の犯則事件**の場合には，通告処分という特別な手続きがあります（国通法157①）。**通告処分**とは，国税局長等が，犯則事件の調査により犯則の心証を得たときは，その理由を明示し，罰金に相当する金額を納付すべき旨等を通知するものです。この場合，犯則者が

通告の内容を履行した場合には，その事件について公訴は提起されません。この通告処分は，間接国税の犯則事件のうち，罰金刑以下の刑に相当するような軽微なものについて，刑事手続に先行してなされる行政制裁です。なお，この通告処分を履行するかどうかは犯則者の任意であって，その履行を強制することはできません（憲法32）。しかし，犯則者がこの通知等を受けた日の翌日から20日以内に履行しないときは，国税局長等は，検察官に告発しなければなりません（国通法158①）。

【租税刑事手続の流れ】

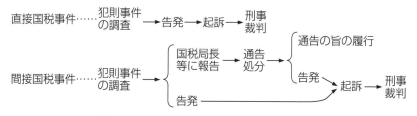

⑸　脱税犯と罰則規定，その他の罰則

①　国税に関する主な罰則（脱税犯）

国税に関する主な罰則（脱税犯）は，以下のとおりです。

区分	処罰の対象とされる行為	税法	罰則
ほ脱犯 受還付犯	偽りその他不正の行為により，税を免れ，またはその還付を受けた行為	所税法238① 法税法159① 相税法68① 消税法64①　等	懲役　10年以下 罰金　1,000万円以下 またはこれらの併科
単純無申告逋脱犯	法定申告期限までに申告書を提出しないことにより税を免れた行為	所税法238③ 法税法159③ 相税法68③ 消税法64⑤	懲役　5年以下 罰金　500万円以下 またはこれらの併科
源泉所得税不納付犯	源泉徴収義務者が徴収して納付すべき所得税を納付しなかった行為	所税法240①	懲役　10年以下 罰金　200万円以下 またはこれらの併科

（注）罰金については，脱税額が罰金額を超える場合には，情状により，脱税額以下にすることが認められている（所税法238②④他）

＊税大講本『国税通則法（基礎編）令和4年版』136頁を一部加筆

②　両罰規定

例えば法人税法は，法人の代表者，その法人の代理人・使用人などに，その法人の業務に関して偽りその他不正の行為により法人税を免れ，法人税の還付を受けるなどの違反行為があった場合，その行為者を罰するほか，その法人に対しても罰金刑を科すと規定します（法税法163①など）。これを**両罰規定**といいます。

③　煽動罪

申告をしないことの煽動，申告をさせないために暴行・脅迫等をした者は，3年以下の懲役または20万円以下の罰金に処されます（国通法126）。

④　組織犯罪処罰法（共謀罪）との関係

組織犯罪処罰法，いわゆる**共謀罪**の対象範囲に所得税法等の税法が含まれます。この共謀罪は，4年以上の懲役・禁固の罪を「話し合い・計画した」だけで犯罪となり，2人以上の者が合意するだけで処罰できる犯罪です。共謀罪が成立する要件として準備行為があります。つまり，結果として脱税を実行しなかったとしても，所得税等の脱税の計画行為等自体が「偽りその他の不正行為」とみなされ，共謀罪対象の犯罪となるおそれが強いのです。帳簿書類の虚偽記載・虚偽の契約書等の作成などは実行行為として，計画・準備行為としては節税相談などが考えられます。

事項索引

あ行

か行

判例索引

地方裁判所

《著者紹介》

阿部　徳幸（あべ　のりゆき）

1962年7月生れ。
日本大学法学部教授・税理士。
OA機器販売会社営業部勤務を経て，1995年2月，税理士開業。
島根大学法文学部非常勤講師，獨協大学法学部非常勤講師，二松学舎大学大学院国際政治経済学研究科非常勤講師，関東学院大学法学部教授（税法担当）を経て現職。

【主な著書】
『現代税法入門塾（第11版）』（共著，清文社，2022）
『改正相続法徹底ガイド令和元年施行対応版』（共著，ぎょうせい，2019）
『税理士・弁護士が知っておきたい滞納処分の基本と対策』（編者，中央経済社，2018）
『詳解 会社の解散・清算をめぐる法務と税務』（編者，三協法規出版，2017）ほか

税法がわかる30話（第2版）

2020年3月5日　　第1版第1刷発行	
2022年1月25日　　第1版第2刷発行	
2022年10月10日　　第2版第1刷発行	

著者　阿　部　徳　幸
発行者　山　本　　　継
発行所　㈱中央経済社
発売元　㈱中央経済グループ
　　　　パブリッシング

〒101-0051　東京都千代田区神田神保町1-31-2
電話　03（3293）3371（編集代表）
　　　03（3293）3381（営業代表）
https://www.chuokeizai.co.jp
製版／三英グラフィック・アーツ㈱
印刷／三　英　印　刷　㈱
製本／㈲井　上　製　本　所

© 2022
Printed in Japan